MENSAGENS DE JESUS CRISTO

COLEÇÃO MENSAGENS ESPIRITUAIS DE RYUHO OKAWA

MENSAGENS DE JESUS CRISTO

A Ressurreição do Amor

Editora
Cultrix
SÃO PAULO

Título Original: Spiritual Message of Jesus Christ.
Copyright © 2003 Ryuho Okawa.
Tradução © Happy Science 2009.
Publicado pela primeira vez por IRH PRESS CO., LTD. em 2003 como
Iesu Kirisuto-no-Reigen 2.
Todos os direitos reservados. Nenhuma parte deste livro pode ser reproduzida ou usada de qualquer forma ou por qualquer meio, eletrônico ou mecânico, inclusive fotocópias, gravações ou sistema de armazenamento em banco de dados, sem permissão por escrito, exceto nos casos de trechos curtos citados em resenhas críticas ou artigos de revistas.

A Editora Pensamento-Cultrix Ltda. não se responsabiliza por eventuais mudanças ocorridas nos endereços convencionais ou eletrônicos citados neste livro.

Dados Internacionais de Catalogação na Publicação (CIP)
(Câmara Brasileira do Livro, SP, Brasil)

Okawa, Ryuho
 Mensagens de Jesus Cristo : a ressurreição do amor / Ryuho Okawa ; [tradução Happy Science]. — São Paulo : Cultrix, 2009.

 Título original: Spiritual message of Jesus Christ
 ISBN 978-85-316-1058-5
 1. Espiritualidade 2. Jesus Cristo — Ensinamentos 3. Vida cristã 4. Vida espiritual I. Título.

09-11363   CDD-248.4

Índices para catálogo sistemático:
1. Mensagens de Jesus Cristo : Vida cristã : Cristianismo 248.4

O primeiro número à esquerda indica a edição, ou reedição, desta obra. A primeira dezena à direita indica o ano em que esta edição, ou reedição, foi publicada.

Edição   Ano

1-2-3-4-5-6-7-8-9-10-11   09-10-11-12-13-14-15-16-17

Direitos de tradução para a língua portuguesa
adquiridos com exclusividade pela
EDITORA PENSAMENTO-CULTRIX LTDA.
Rua Dr. Mário Vicente, 368 — 04270-000 — São Paulo, SP
Fone: 2066-9000 — Fax: 2066-9008
E-mail: pensamento@cultrix.com.br
http://www.pensamento-cultrix.com.br
que se reserva a propriedade literária desta tradução.

Sumário

Capítulo 1. A Ressurreição do Amor 7
  1. O ódio e o amor 7
  2. Amor e perseverança 11
  3. O objetivo do amor 15
  4. Amor e perdão 20
  5. A origem do amor 24
  6. A ressurreição do amor 27
Capítulo 2. O Amor de Deus 35
  1. A respeito de Deus 35
  2. O desejo de Deus 41
  3. A grande harmonia 45
  4. Um momento infinito 49
  5. A origem do macrocosmo 52
  6. O coração da verdade 62
Capítulo 3. Oração e Vida 65
  1. Orações diárias 65
  2. Orações para momentos de tristeza 71

3. Orações para momentos de sofrimento e dificuldades 78
4. Orações para momentos de cansaço 85
5. Orações para se viver com coragem 90
6. Oração para a felicidade 96

Capítulo 4. O Espírito da Nova Era 107
1. Nova corrente dos tempos 107
2. O sopro da nova civilização 111
3. A era da reforma religiosa 115
4. O espírito fundamental 121
5. O panorama do futuro 124
6. Profecia do segundo advento 128

Capítulo Um

A Ressurreição do Amor

1. O Ódio e o Amor

O ser humano tem dois tipos de sentimento básicos. Num extremo, há o ódio e, no outro, há o amor. Em verdade, embora o ódio e o amor pareçam dois sentimentos absolutamente distintos, na sua essência não são. A diferença entre eles está na atitude de aceitação, isto é, uma emoção vem da negação dos princípios do amor e a outra vem da aceitação dos princípios do amor.

O ódio é uma atitude que bloqueia o fluxo do amor. Quando se elimina esse bloqueio, o amor volta a fluir novamente.

Em que momento surge o sentimento de ódio no coração do ser humano? Certamente, ele sente ódio quando não consegue controlar o próximo da maneira como gostaria. Não seria o ódio um sentimento de raiva que surge quando os outros não atendem aos nossos desejos?

Sendo assim, temos de averiguar qual é a origem dessa emoção de ódio.

Quando fazemos isso, concluímos que o ódio é simplesmente uma distorção do desejo de receber amor. Em outras palavras, pessoas com o sentimento de ódio contra o próximo, num certo sentido, desejam receber amor, respeito ou reconhecimento daqueles que odeiam. Portanto, quem odeia é aquele que tem sede de amor e não está em condições de dar amor ao próximo.

Aqueles que vivem para o amor são diferentes. Eles não exigem nada, não esperam receber amor. Só pensam em dar amor incessantemente. E por que dar amor continuamente? Em verdade, eles são assim porque já foram abençoados com muitas graças recebidas de Deus. Por serem amados, eles procuram também amar o próximo. A circulação desse "amor que se dá" é a mais pura essência do amor.

O que existe na raiz do amor? É o sentimento de gratidão por tudo o que já se recebeu e a conscientização desse fato antes da gratidão. Ao reconhecer que está recebendo amor do próximo, a pessoa sente-se agradecida e por isso é levada a estender esse amor aos outros.

Ó aqueles que estão ardendo nas chamas do ódio, acalmem seus corações e reflitam: "Vocês já tiveram o sentimento de gratidão em algum momento da vida? Será que alguma vez já deram graças a Deus? Já sentiram gratidão pelo próximo por terem sido vivificados?" Não há amor onde não há gratidão.

Por termos recebido tantas graças de Deus, precisamos dar amor ao próximo. Apesar de tantas bênçãos recebidas de Deus, as pessoas não estão conscientes disso e continuam ansiosas por cobrar e receber mais e mais dos outros, dizendo: "Façam isso ou façam aquilo por mim". Em verdade, não se pode dizer que essa é a imagem original do ser humano.

A verdadeira beleza do ser não estaria na atitude de viver uma vida voltada para o amor?

Afinal, os atos executados com ódio ao mesmo tempo em que prejudicam o próximo maculam a nossa própria natureza divina. Por sermos os causadores de tais efeitos, devemos extirpar o ódio de dentro de nós.

Se o mundo está cheio de pessoas com personalidades e características diferentes, o desejo de controlar o comportamento de todos não é razoável. Nem mesmo Deus obriga as pessoas a fazer a Sua vontade. Não é verdade que Deus permite a cada um de nós se comportar, pensar e falar de maneiras diferentes?

Certamente, muitos desses comportamentos, pensamentos e palavras não estão de acordo com a Sagrada Vontade Divina. Mesmo assim, não é verdade que Deus continua a prover essas pessoas com calor e luz, como um sol e, que derramando a sua chuva de misericórdia, faz crescer e frutificar as plantações para nutri-las?

Deus jamais discrimina as pessoas. Ele não provê boas colheitas aos bondosos e más colheitas aos malvados. Deus nunca mandaria chuva somente aos bons e estiagem aos maus.

Sendo assim, vocês devem refletir profundamente. Jamais devem pensar que Deus não permite que as pessoas más vivam ou que favorece apenas as pessoas boas. Vocês precisam saber que Deus também está zelando por aqueles que cometeram más ações, que tiveram maus pensamentos ou pronunciaram palavras cruéis.

Depois de se conscientizar de tudo isso, por que vocês ainda ousam julgar essas pessoas mesmo quando Deus permite a existência delas? Não as julguem. Vocês não devem condenar as pessoas. "Não as julgueis para não serdes julgados!" Não é permitido rotular o próximo como uma "pessoa má". Não se pode classificar os outros como "seres injustos". É preciso acreditar que mesmo essas pessoas são nutridas por Deus.

Elas não são completamente más. Neste mundo, não existem pessoas totalmente pecadoras ou maldosas. Elas somente estão tentando se proteger pelo receio de serem prejudicadas ou agredidas pelos outros. Como se não bastasse defenderem-se, começam a criticar e falar mal dos outros. Entretanto, tais atitudes não estão de acordo com o Coração de Deus.

Contra o ódio, respondam com o amor. Contra a ira, respondam com o sorriso. Contra críticas mordazes, respondam com o silêncio. A prática do amor de Deus está presente nessas atitudes.

2. Amor e Perseverança

Sabemos que é fácil sermos gentis com os outros quando nos sentimos superiores. É fácil consolar os outros quando sentimos que estamos vencendo. Quando somos ricos é fácil consolar os pobres. Quando estamos felizes é fácil consolar os infelizes. Quando estamos saudáveis é fácil consolar os doentes. Quando estamos sendo abençoados com muitas dádivas é fácil sermos caridosos com os desafortunados.

Infelizmente, na vida, tempos como esses não duram para sempre. Se estiverem vivendo uma vida de abundância, podem achar fácil serem caridosos com os pobres; contudo, se estiverem pobres, o que vocês podem realmente fazer? Não falo apenas da pobreza financeira, mas também da pobreza espiritual. O coração fica empobrecido nos momentos de insucesso e de infortúnio. Porém, o quanto seriam capazes de fazer nesses momentos de pobreza?

Mais vale uma vela oferecida por um pobre do que mil velas oferecidas por um rico. Entre uma vela oferecida por uma pessoa pobre e mil ou um milhão oferecidas por um milionário, qual alegraria mais a Deus? Certamente Deus se alegraria mais com aquele que mais se sacrificou.

Sendo assim, as pessoas não devem julgar as coisas com base na posição social. Os que são ricos devem retribuir cada vez mais e os que são pobres precisam oferecer o pouco que têm. Esse é o conceito fundamental do amor.

O amor não existe no relativo, existe no absoluto. Não é verdadeiro o amor que depende das circunstâncias; ele não pode ser algo que ora se dá, ora não. O amor deve ser dado em quaisquer circunstâncias.

Existia na Igreja a oferenda do dízimo. O objetivo era fazer com que todos, ricos ou pobres, fizessem uma oferenda de dez por cento das suas rendas. O objetivo era fazer com que todos oferecessem proporcionalmente o mesmo sacrifício. Essa era a maneira de mostrar que a oferenda não deveria ser feita somente quando houvesse disponibilidade.

Em outras palavras, não basta cuidar dos doentes quando se está com saúde; o importante é cuidar dos outros mesmo quando se está doente. Quanta atenção somos capazes de dar aos outros quando estamos enfermos? Seríamos capazes de nos preocupar com as pessoas saudáveis enquanto estamos doentes? Seríamos capazes de nos preocupar com pessoas felizes quando estamos infelizes? Eis a questão.

Em suma, na vida, há ondas grandes e pequenas. Há fases de maré alta e de maré baixa. O importante é jamais mudar de atitude, independentemente das circunstâncias. Não devemos consolar as pessoas somente quando temos saúde. O amor não deve variar de acordo com o nosso estado no momento.

Na essência do amor, há perseverança. Perseverar é dar amor continuamente. Se não houver continuidade, tudo se perde. Neste momento, vocês estão sendo chamados a mostrar quanto amor são capazes de dar nos momentos difíceis. Quanto amor são capazes de oferecer a Deus como retribuição pelo tanto que recebem?

Responder com um sorriso é fácil quando somos elogiados por pessoas bem-intencionadas. Difícil é não perder o sorriso quando somos maltratados. Entretanto, temos de fazer isso com esforço e dedicação.

Qual o mérito de amar quem nos ama? Amar quem nos ama é algo de que até os animais são capazes. Seja um cão ou um cervo, os filhotes amam os pais e estes amam seus filhotes. É fácil amar quem nos dá amor.

Entretanto, quando se pensa no aprimoramento espiritual com seriedade, percebe-se que é importante amar até mesmo quem não poderíamos amar. Não devemos restringir o nosso amor somente àqueles que nos são favoráveis e desprezar aqueles que nos são hostis. É importante ter a determinação de jamais descartar o amor, e considerá-lo como se fosse uma longa e grossa corda salva-vidas que estivéssemos segurando. Eis o espírito de nunca descartar o amor.

Mesmo os seguidores do caminho da Verdade cometem erros e se afastam do caminho. No entanto, não podemos pensar: "Eles cometeram erros; portanto, devem ser julgados; devem ser abandonados; deixem que se percam". Amar é jamais abandonar.

Eu já disse no passado: "Se num rebanho de cem ovelhas, uma delas se perder, não seria o dever do pastor procurar por ela, deixando as 99?"

Assim é o amor de Deus. É importante jamais abandonar. O amor de Deus é como o amor dos pais. Vocês acham que os pais amam os bons filhos e não amam os maus? Os pais até se preocupam mais com os filhos maus, dando mais atenção a eles e procurando ajudá-los. Não é assim? Os pais são assim porque amam todos os seus queridos filhos.

O mesmo ocorre com os seres humanos que encarnaram na Terra. São todos filhos de Deus. E sendo assim, os filhos que obedecem a Deus são amados e os desobedientes são ainda mais amados. Esse é o sentimento que devemos ter.

Apesar de ser fácil amar as pessoas puras de coração, vocês também devem amar as pessoas que têm um coração pecador. Procurem valorizar esse conceito.

3. O Objetivo do Amor

Quando pensamos sobre o objetivo do amor, tudo começa a ficar mais claro.

Na verdade, o objetivo do amor é fazer com que todos se deem as mãos, sem jamais soltá-las. Não as soltem jamais!

O amor também tem a função de salva-vidas, que laça o corpo de todas as pessoas com a corda da salvação. Não devemos cortar essa corda na tentativa de salvar somente a nós mesmos. É preciso perseverar, unindo as forças de todas as pessoas. Acho que esse é o espírito que devemos ter. O amor tem como objetivo conduzir as pessoas ao pico da montanha. Se estivermos correndo risco de queda, jamais devemos cortar a corda salva-vidas e abandonar os demais para salvar somente a nossa pele. Não é esse o objetivo do amor. Por mais sofrida e dolorosa que seja a escalada, é preciso que nos empenhemos e suportemos; é preciso que nos incentivemos mutuamente. Eis a essência e o objetivo do amor.

Embora Deus queira salvar todas as pessoas, e Seus filhos na Terra, do mesmo modo, procurem personificar Sua vontade, ainda há aqueles que não compreendem isso. Não obstante a corda da salvação que Ele tem enviado a todos, há pessoas que se sentem prejudicadas porque a corda lhes prende e tira a sua liberdade. É preciso olhar para esse tipo de pessoa com inabalável confiança. Não se deve abandoná-las dizendo: "Elas foram possuídas por maus espíritos". Por mais grave que seja a circunstância, é preciso acreditar que as coisas estão melhorando e continuar orando.

O amor não é o desejo do bem somente para si próprio. É orar para que todas as pessoas melhorem. É o sentimento de estar em comunhão com os demais. As pessoas não são completamente estranhas, elas também são ramificações do nosso próprio corpo. É nisso que se baseia o fundamento do amor.

É possível que alguns rejeitem a mão que vocês estendem, pensando que são estranhos, por não saberem que somos todos irmãos. Mesmo assim, vocês não devem criticá-los nem se indignar. Jamais deixem que isso aconteça. É preciso pensar que, "Eles só não sabem que somos seus irmãos e irmãs, e nós somos amigos que estamos aqui para ajudá-los".

Em geral, o inimigo é assim. É aquele que muitas vezes não sabe a verdade. Entretanto, mesmo que vocês apontem a sua ignorância, ele dificilmente concordará. Pode ser que desconheça a verdade, mas o ato de apontá-la, revelá-la ou querer comprovar o quanto ele é inferior não é uma atitude baseada no verdadeiro amor.

Não seria melhor esperar pacientemente até que ele mesmo descubra a verdade? Não acham fundamental viver com um imenso amor como esse? Eu penso que sim.

Amar é jamais abandonar. Amar é priorizar a evolução de todos; é desejar que todos se deem as mãos. Amar não é dar as mãos somente aos amigos e excluir os demais do nosso círculo de amizades.

De que valeria a harmonia que exclui do nosso círculo aqueles de que não gostamos? Estender a mão a todas as pessoas deve ser o nosso ideal.

Para o amor não há inimigos, pois ele é o sentimento que deseja a evolução de todos. Se surgir um inimigo diante de nós, temos de pensar: "Talvez ainda esteja faltando amor da minha parte".

Se vocês estão causando ira em alguém, talvez haja espinhos ou venenos nas suas palavras; talvez haja um desejo de que os outros sejam infelizes. Se vocês tiverem esse tipo de pensamento, em primeiro lugar é necessário pedir perdão a Deus.

O ser humano é incapaz de falar mal de alguém imensamente bondoso. Não há como maldizer alguém que só nos faça bem. As pessoas falam mal daqueles que praticam a maledicência contra elas. Como diz o ditado japonês, "Somente um demônio é capaz de chamar outro". Ao sentir que um grande demônio surge como seu inimigo, saibam que dentro do seu coração reside outro demônio tão grande quanto ele. Na verdade, existe dentro do seu coração algo que o atraiu. Também existem dentro de vocês motivos para reflexão, e não somente nos outros. Saibam, portanto, que só um demônio é capaz de atrair outro.

Apontar os erros dos outros nem sempre é a melhor forma de agir. É preciso que nos esforcemos para valorizar as coisas que vivificam as pessoas e minimizar as coisas que lhes causam sofrimentos. É o que eu penso, pois assim é o amor.

Será que vocês seriam capazes de aceitar uma crítica severa de uma pessoa em quem confiam muito e ainda agradecer por isso? Talvez fossem capazes de dizer obrigado. Mas, com certeza, a mágoa e o inconformismo seriam maiores do que a gratidão. Quanto maior a confiança na pessoa, mais sensíveis vocês são em relação a ela.

Sendo assim, que tal ser um amigo que jamais critica? Creio que esse é o verdadeiro modo de viver. Dentre os diversos objetivos do amor, um deles é cultivar esse tipo de amizade.

Todo ser humano tem defeitos. Que tipo de amor seria esse que aponta os defeitos dos outros? Que utopia seria essa? Não seria importante se empenharem para descobrir as qualidades de uma pessoa, justamente porque essa mesma pessoa está lhes apontando os defeitos? Ela deve ter alguma luz dentro de si. Vamos identificá-la. Não seria esse o sentimento que deveríamos ter?

Se alguém está apontando os seus defeitos, não seria porque vocês não se esforçaram para descobrir as qualidades dessa pessoa? Talvez seja necessário fazer esse questionamento dentro do coração.

O ser humano tende a ver os defeitos alheios de modo amplificado e os seus próprios, de modo minimizado. Apesar de ser difícil perdoar as maledicências alheias, perdoamos facilmente as que saem da nossa própria boca. É muito comum justificarmos: "Ah, naquele momento, foi inevitável dizer aquilo devido às circunstâncias". Essa é a natureza humana. Porém, não nos esforçamos para perdoar as maldades alheias. É assim o ser humano.

Temos que ter a consciência de que o outro também é um ser humano, tanto quanto nós.

4. Amor e Perdão

Agora, pretendo falar sobre o perdão.

Quantos de vocês já foram capazes de perdoar o próximo? Fechem os olhos e, com o coração sereno, tentem relembrar. Quantas pessoas vocês conseguiram perdoar ao longo da vida? Raros são aqueles que conseguiram perdoar dez pessoas ou mais. Normalmente, as pessoas não se lembram nem de dez nomes.

No entanto, ao reverem as suas vidas, vocês conseguem se lembrar de quantas pessoas já prejudicaram? É possível que a lista tenha muito mais de dez nomes. Provavelmente foram muito mais pessoas. Será que não as magoaram, não as prejudicaram financeiramente ou coisas assim?

Façam uma comparação e vejam a diferença entre a quantidade de pessoas ofendidas e a de pessoas perdoadas. E agora questionem-se dentro do coração: "Será que sou uma pessoa boa ou má?"

Quem não prejudicou mais de dez pessoas talvez não precise perdoar mais de dez. Contudo, a realidade pode ser bem diferente. É possível que não tenham perdoado uma pessoa sequer, mas os prejudicados tenham sido dezenas e dezenas. A grande maioria das pessoas vive sem ter ao menos a consciência de que causou danos. São inúmeros os seres humanos que não percebem que estão fazendo mal aos outros.

Certamente vocês já se depararam com inúmeras vítimas cujos causadores dos males não têm a mínima noção do que fizeram. No entanto, isso pode estar acontecendo também com vocês, ou seja, vocês podem estar prejudicando alguém inconscientemente.

Sendo assim, serenem o coração e reflitam sobre as pessoas a quem podem ter causado prejuízo ao longo dos seus vários anos de vida.

Será que vocês jamais traíram a amizade e a confiança dos seus pais, irmãos, irmãs, amigos, professores, colegas de trabalho e pessoas que lhes fizeram favores?

Ao rever a vida, certamente se lembrarão de muitas coisas, e isso pode fazer surgir a imagem de um "eu pecador". Contudo, por mais que vocês relembrem e reflitam, isso ainda não é suficiente. Em seguida, é preciso que tentem perdoar mais pessoas do que puderem se lembrar.

Ao reencontrá-las, é importante que peçam perdão pessoalmente. Àquelas que não puderam reencontrar, peçam perdão dentro do coração. E, se sentirem que não foram perdoados, peçam perdão a Deus, pois Ele certamente perdoará os seus pecados.

Não existe uma pessoa sequer que viva sem pecado. E também não há quem viva sem ter, pelo menos uma vez, prejudicado os outros.

Eu já disse no passado: "Dentre vocês, aquele que não tiver pecado, que atire a primeira pedra". É a mesma coisa. Dentre vocês, somente aquele que nunca prejudicou alguém poderá chamar os outros de malfeitores. Somente aquele que nunca teve maus pensamentos no coração pode tratar os outros como malfeitores. Somente aquele, dentre vocês, que jamais cometeu atos que envergonham o coração pode acusar as falhas alheias.

Ao pensarmos assim, percebemos o quanto fica difícil falar mal dos outros.

Portanto, o perdão começa pela autocontemplação ou autorreflexão. Quem reflete profundamente não consegue ser rigoroso com os demais.

O perdão não serve apenas para perdoar os outros. Quem perdoa os outros está, ao mesmo tempo, sendo perdoado. O perdão serve também para perdoar a si mesmo. Perdoando os outros, vocês perdoam a si mesmos e também são perdoados por Deus.

Quantos são aqueles que perdoaram mais de cem pessoas ao longo da vida? Acho que são muito poucos. No entanto, quantas pessoas realmente vocês acham que são perdoadas por Deus? Se há seis bilhões de pessoas na Terra, então Deus perdoou seis bilhões de pessoas. Quanta diferença existe entre o coração de Deus e o do ser humano! Por mais que existam pessoas nobres na Terra, será que há alguém capaz de perdoar seis bilhões de pessoas?

"Amai vossos inimigos, orai pelos que vos perseguem", eis uma frase de ouro ainda nos dias de hoje. Sendo assim, gostaria que vocês gravassem no fundo do coração: "Amai vossos inimigos e orai pelos que vos perseguem". Isso quer dizer: "Amem quem lhes parece inimigo e orem pelos que se comportam como se lhes perseguissem". O inimigo, no verdadeiro sentido da palavra, não existe. O que existe é um ser equivocado.

Portanto, deem amor ao próximo e orem de coração pelos que lhes perseguem. Isso é importante. Esse tipo de sinceridade um dia tocará o coração dessas pessoas.

Deem tempo ao tempo. Não sejam: "Toma lá, dá cá". Não pensem em receber uma retribuição de imediato. Tal como Deus, que dá infinitamente, deem também continuamente. Deem, deem, deem sem parar. Eis a tarefa de vocês.

5. A Origem do Amor

Tenho falado diversas coisas sobre o amor. Agora gostaria de falar também sobre a origem do amor.

Por que o ser humano deve pensar sobre o amor? Por que eu preguei o amor ao povo? É sobre isso que eu gostaria de falar.

Em suma, a vida do ser humano é uma jornada de autodescoberta, uma jornada que existe para descobrir a resposta à pergunta: "Afinal, quem sou eu?"

A jornada em busca do amor é também uma jornada para descobrir o amor que existe dentro de nós. É ter consciência de que vivemos para realizar o objetivo de amar o próximo, pois Deus é amor. Se Deus é amor e se vocês agirem contra o amor, então vocês estarão traindo a si mesmos.

É preciso viver honestamente. Uma vez que o amor está dentro de vocês, não devem viver sem despertar para esse amor, muito menos agir contra o amor.

E não devem se queixar, ficar irados ou invejar os outros, quando o seu amor não for correspondido. Esse tipo de atitude mostra que ainda falta explorar mais o amor que existe interiormente. O amor de vocês é inesgotável, como a fonte que faz jorrar a água, por mais que se consuma. O amor não se esgota mesmo quando inúmeras pessoas saciam a sede na sua fonte.

Visualizem dentro do coração essa fonte do amor. As pessoas matam a sede nessa fonte e, por mais que elas bebam dessa água, a fonte jamais seca. Sejam inesgotáveis como essa fonte.

Desde tempos remotos, a Grande Fonte vem saciando a sede dos viajantes. Ela é o oásis que saciou a sede das pessoas que foram ao deserto. Ela jamais cobrou um centavo de ninguém por saciar a sede do povo. E por mais que saciasse a sede de inúmeras pessoas, nem assim ela secou. Sejam como essa fonte.

Quando vocês tiverem escavado profundamente um oásis, um profundo poço, uma profunda fonte, no fundo do coração, por mais que as pessoas bebam, o amor jamais se esgotará. O amor é a vida de Deus, e a vida de Deus é como uma fonte de água cristalina e inesgotável, não importando quantas pessoas tomem dela.

Sendo assim, lamentem-se por terem tão pouco amor. Lamentem-se por não terem explorado suficientemente a sua própria fonte. Se vocês forem fontes inesgotáveis de amor, muitos poderão usufruir delas sem que haja nenhum conflito. As pessoas não conseguem saciar a sede porque está faltando água nas suas fontes.

Não digam para pararem de tomar água. Vocês precisam cavar mais profundamente a sua fonte interior, à procura da água abundante. Perfurem até encontrar essa fonte do amor. Sejam como a fonte que jorra o amor incessantemente. Não é isso o que importa?

Em verdade, podemos dizer que a origem do amor é um poço profundo. Ao avançarmos na escavação desse poço, encontramos um grande lençol d'água. Lá no fundo, há muitos veios subterrâneos por onde corre água abundante. A cada um de vocês foi confiado o trabalho de descobrir a sua fonte subterrânea.

Cavando-se trinta metros, por assim dizer, é possível encontrar a fonte subterrânea. Mas há quem desista aos 29 metros. Se cavasse mais um metro, jorraria uma água cristalina. Porém, muitos desistem pouco antes de encontrar a fonte. E quantos não são aqueles que, sem cavar até o fundo, contentam-se com a pouca água que encontram nos primeiros cinco metros.

Saibam que o amor é como um veio d'água localizado nos subterrâneos. Portanto, cavem mais. E quando chegarem nesse grande veio, sintam a vida de Deus. Sintam a infinita energia de Deus. Sintam a infinita força de Deus.

6. A Ressurreição do Amor

Estou neste momento enviando mensagens espirituais à Terra, rompendo um silêncio de dois mil anos. É muito raro que eu envie mensagens assim diretamente. Na verdade, tenho orientado alguns líderes religiosos por inúmeras vezes, ora me expondo mais, ora me ocultando. Entretanto, jamais falei diretamente com o povo da Terra do modo como estou fazendo agora. Esse é um fato absolutamente inédito.

Espero que o povo da Terra reflita sobre o significado contido nesse ato e, ao mesmo tempo, se alegre do fundo do coração por eu ter ressuscitado uma vez mais.

Sinto que, dentre vocês, há muitos que não acreditam. Os cristãos devem ser os primeiros a dizer: "Não é possível o advento de Jesus uma vez mais". Contudo, eu quero que tanto os cristãos como os não cristãos saibam que Deus nunca os abandonou. Deus jamais os abandonou e nem vai deixá-los órfãos.

Sendo assim, não seria importante acreditar que, mesmo vivendo na Terra, a força de Deus ou do Buda continua atuando em vocês? Não seria importante saber que a grandiosa força de Deus ou de Buda continua em ação?

O amor de Deus sempre iluminou diferentes épocas, sob diversas formas, direta ou indiretamente. Por meio de diversas pessoas, Ele pregou as Leis na Terra, inspirando as obras de arte, disseminando a literatura, ampliando a filosofia. Tudo isso é o sopro de Deus.

Sendo assim, não pensem que o milagre de Deus, o Seu sopro, somente existiu no passado. Saibam que o milagre também existe na era atual.

Cristo não surgiu apenas há dois mil anos. Até hoje, não houve um dia sequer em que eu não tivesse cumprido a missão como o Cristo. Até agora, não descansei um único dia. Vocês descansam aos sábados ou domingos, mas gostaria que soubessem que, até hoje, eu jamais deixei de trabalhar um dia sequer.

Eu tenho me empenhado de diversas formas, dia e noite, em prol da felicidade de vocês, para conduzi-los a uma vida mais repleta de amor, para conduzi-los a uma vida fervorosa de fé. Quero que saibam disso. Quero que creiam nisso. Quero que vocês compreendam claramente isso. Esse é o meu desejo.

Sei que, atualmente na Terra, existem muitas pessoas que não aceitam a existência do mundo espiritual nem a dos espíritos. Até mesmo os religiosos que creem no mundo espiritual talvez não consigam acreditar que espíritos superiores possam enviar mensagens seguidas vezes ao povo da Terra.

Contudo, em que lado, afinal, vocês pretendem apostar? No lado que tem esperança na salvação de Deus? Ou no lado que não tem esperança na salvação de Deus? Quero que pensem bem nisso.

Se não querem a salvação, pois bem, continuem como estão. Mas, se vocês esperam pela salvação de Deus, é necessário que mudem de atitude no fundo do coração.

Em todas as eras, sempre houve o milagre de Deus. Em todas as eras, sempre a mão da salvação de Deus lhes foi estendida. Conscientizem-se de que isso também está acontecendo na era atual.

Eu estou lhes falando neste momento. Quero que muitas pessoas saibam do significado de eu estar lhes falando agora, de eu estar lhes enviando estas mensagens espirituais.

Crer ou não crer é escolha de cada um. Contudo, a atitude de crer ou não crer deverá fazer uma grande diferença na paz em seu coração. O que é melhor? Crer que a salvação de Deus está bem na sua frente ou negá-la? De que valeria negá-la? Quais vantagens teriam? Negar a salvação não evitaria que vocês fossem vítimas do materialismo e nem lhes conduziria a Deus.

Sendo assim, em vez de desacreditarem, gostaria que mais uma vez refletissem se a Verdade não poderia realmente estar contida dentro disso.

Por que razão eu não ressuscitaria neste mundo caótico deste fim de século, justamente quando a humanidade enfrenta a sua maior crise? Por gostar tanto de vocês e também por amá-los infinitamente, foi imprescindível que eu ressuscitasse.

Não se trata da ressurreição do corpo carnal. Estou ressuscitando, neste momento, pelo poder da vida e pelo poder da palavra. Eu sou a ressurreição da vida e das palavras.

Grandiosa coragem será concedida àqueles que acreditarem nisso. Deles emanarão muita confiança, por estarem vivendo nesta era gloriosa.

Quero que todas as pessoas saibam que Jesus Cristo não era simplesmente um ser mortal, que se extinguiu na crucificação, há dois mil anos. Depois da crucificação, durante dois mil anos, Ele continuou guiando um grande número de pessoas, a partir do mundo celestial.

E também quero que compreendam que estou atualmente no mundo espiritual de nona dimensão, ocupando o mais alto posto de comando, dirigindo o movimento de divulgação da Verdade sobre a Terra. Desejo que saibam o que significa estar no mais alto posto de comando.

Assim como estou enviando as mensagens espirituais diretamente ao povo da Terra, além de mim, todos os outros espíritos superiores poderão fazer o mesmo. É possível que as pessoas da Terra resistam em acreditar. Assim como é difícil, para os cristãos, acreditar nas mensagens espirituais de Jesus Cristo, os fiéis de outras instituições talvez também não acreditem que os seus fundadores estejam enviando mensagens espirituais à Terra.

Contudo, pensem na verdadeira natureza de Deus e reflitam profundamente: "Como Deus poderia agir, realmente?" Será que Ele simplesmente se manteria em silêncio? Não, Deus nunca se manteria em silêncio. Deus está sempre procurando diversas maneiras de orientar o povo. Sendo assim, "Esta mão que vos guia também não seria manifestação do Seu grandioso amor?" Será que não é necessário parar e pensar um pouco a respeito disso?

Eu estou atualmente no mundo celestial e sou aquele que possui a suprema responsabilidade pela grande salvação e purificação da Terra. Quem está atuando como o Supremo Espírito Guia Responsável sou eu. Por favor, eu gostaria que vocês compreendessem isso. Não se deixem prender por coisas insignificantes como orgulho, ego ou vantagens, e creiam na grandiosa salvação de Deus. Quero que saibam que numa era caótica como esta, não há como Jesus se manter calado.

Eu sou a ressurreição do Amor. Por que esta é a ressurreição do meu amor. Eu, mais uma vez, estou ressuscitando como vida, como o verbo, como um grande eco que ressoa por toda a Terra. Não é como um corpo carnal. Não é como um frágil ser humano. Mas como a Grande Vida, que não se esgota jamais, como a fonte do amor, e como o verbo. É assim que estou ressuscitando.

Ó povo! Uma vez mais eu vou lhes anunciar!

O momento de minha ressurreição é o momento do início do grande movimento de salvação. E neste momento não devem cometer um engano. No momento deste grande movimento, não devem interpretar incorretamente e nem se equivocar. Não devem se ocupar com ataques às outras religiões e nem censurar os outros.

Ao entrar em contato com este grande sopro do amor, despertem e tragam todas as pessoas ao meu encontro.

Tragam todas as minhas pequenas ovelhas aos meus pés. Pois agora o Pastor está de volta! Venham a mim, ó minhas pequenas ovelhas! Eu vou glorificá-las! Vou cuidar muito bem de vocês! Vou curar o seu cansaço! Vou amá-las de coração! Vou conceder-lhes o perdão! Vou lhes dar proteção!

Portanto, voltem para junto do Pastor. O dia está para acabar. Ao entardecer, ouçam a sineta, ouçam a voz e o som da trombeta do Pastor e venham reunir-se junto a mim.

Os meus cordeiros voltarão para mim.

Para que fosse possível iniciar uma era como a atual, muitos de meus pequenos cordeiros desceram à Terra.

Ó meus pequenos cordeiros, ao ouvir a minha voz, voltem diretamente para mim. Busquem por mim.

Quanto mais me buscarem, mais e mais bênçãos vou poder lhes dar. Busquem mais, porque eu sou aquele que vive para lhes dar amor. Assim como os pequeninos que buscam pelo leite materno, busquem pelo meu amor. Busquem pela vida em mim. Busquem por todas as coisas em mim. Não busquem nos outros, busquem em mim.

Ouçam a minha saudosa voz, obedeçam-na. Eu lhes peço, sigam-na. Eu quero conduzi-los ao topo da montanha. Por favor, venham comigo.

Capítulo Dois

O Amor de Deus

1. A Respeito de Deus

Neste capítulo pretendo falar sobre o que é Deus.

Ao longo de toda a minha vida, eu falei sobre os vários aspectos de Deus. Falei inúmeras vezes sobre o quanto Deus é maravilhoso e o quanto é maravilhoso viver como um ser humano sob as bênçãos de Deus. Eu estou muitíssimo feliz em, mais uma vez, poder pregar não somente no mundo celestial, mas principalmente por ter recebido esta oportunidade de falar a todos vocês da Terra.

Quando se fala em Deus, provavelmente é muito difícil para vocês compreender. Mesmo que se fale em Deus sob diversos aspectos nesta coleção de mensagens espirituais, ainda assim, vocês não conseguem compreender. Deus está além dos próprios limites de compreensão de cada um de vocês. Acho que posso explicar dessa maneira.

Apesar de muitos espíritos superiores estarem falando com vocês, a começar por mim, na verdade não passamos de espíritos superiores que já tiveram formas e personalidades humanas. A verdadeira imagem de Deus é algo que transcende esse limite.

Desde tempos imemoriais, muitos debates têm sido travados a respeito do monoteísmo ou do politeísmo. Em alguns lugares, creem que Deus é formado por inúmeros espíritos superiores. No cristianismo, afirma-se que fui eu quem iniciou a crença no Deus único. Contudo, em ambos os casos, os conceitos não estão totalmente corretos. Com certeza, o Deus que reside no âmago do universo existe. No entanto, essa é uma existência que transcende em muito a personalidade humana.

No entanto, se pensarmos no campo magnético espiritual da Terra, o Deus que ali habita, em verdade, trata-se de Espírito Divino que atingiu o mais alto grau de elevação espiritual.

Nos livros da Happy Science, a presença desses Espíritos Elevados já está sendo consideravelmente revelada. Num lugar como o mundo da nona dimensão, onde vivo, existem dez Grandes Seres Espirituais, que atingiram o mais alto grau de evolução.

E, no mundo da décima dimensão, que transcende o mundo onde eu vivo, existem gigantescas consciências, que não têm personalidade humana. Essas gigantescas consciências espirituais são entidades que se dedicam exclusivamente à tarefa de proporcionar evoluções diversas ao planeta Terra.

Um desses pilares espirituais é denominado "Consciência do Grande Sol". Trata-se da Consciência Yang, a Consciência Positiva, que busca melhorar tudo, proporcionar a beleza em tudo.

A segunda é a "Consciência da Lua". Essa é a consciência que governa as qualidades artísticas. Beleza, graciosidade, suavidade e delicadeza são as qualidades artísticas do lado yin, pela qual é responsável. Essa consciência existe para proporcionar graciosidade à Terra.

Enquanto a Consciência do Grande Sol assemelha-se mais a um gigantesco trabalhador, um profissional de manufatura, a Consciência da Lua assemelha-se mais a um profissional de acabamento. Enquanto a Consciência do Sol é como o construtor da fundação, dos alicerces ou como o colocador de telhas; a Consciência da Lua tem uma função que se assemelha à do carpinteiro que constroi janelas ou do pintor de paredes. Pode-se dizer que há uma divisão de tarefas.

Além desses dois pilares, há ainda a Consciência da Terra, que deu origem à vida em torno do campo magnético terrestre. Essa é a fonte que deu origem à vida no planeta Terra. Quando se questiona "Como foram geradas as diferentes formas de vida na Terra?", a resposta verdadeira é: as diversas formas de vida são as diferentes manifestações desse gigantesco corpo vital que vive dentro do planeta Terra. Podemos comparar a Consciência da Terra com o corpo humano. Dentro do corpo humano atuam uma incontável quantidade e variedade de células. Do mesmo modo, dentro da Consciência da Terra residem inúmeras consciências. Acredito que posso explicar dessa maneira.

A origem da Consciência da Terra é, na verdade, muito antiga. Ela surgiu antes mesmo da criação do planeta Terra.

Certamente vocês já estudaram que o planeta Terra formou-se a partir da subdivisão do Sol deste sistema solar. Dizem que uma parte do Sol se desprendeu para formar a Terra. Afinal, qual é a origem da Consciência da Terra? Ela também é uma ramificação da Consciência Espiritual do Sistema Solar. E, quando a Terra se desprendeu do Sol, a Consciência da Terra incorporou-se a ela, fazendo desse planeta o seu corpo vital. Com isso trouxe consigo a positividade da Consciência do Grande Sol.

Podemos dizer que, passado certo tempo, a Consciência da Lua começou a atuar.

Embora a Consciência da Lua seja uma Consciência Planetária, ela é também uma Consciência Lunar que gira em torno da Terra. É uma irmã e ao mesmo tempo uma filha da Terra. A Consciência da Lua controla a Lua, o satélite que exerce diversas influências sobre a Terra. Ela é a origem da beleza artística.

A Consciência do Grande Sol é uma ramificação da Consciência Solar que ilumina a Terra. Essa consciência, por ser a Consciência do Grande Sol, atualmente está influenciando a Terra. Em uma dimensão acima dessa, existe a Consciência Espiritual do Sistema Solar, que se encontra na décima primeira dimensão, da qual se ramificou a Consciência do Grande Sol.

Quando o planeta Terra se formou, a Consciência da Terra passou a habitar neste planeta e, da mesma forma como a Consciência do Grande Sol também foi incorporada no Sol. A partir daí a Consciência da Lua também começou a exercer influência sobre a Terra. Creio que é assim que pode ser explicado.

As Consciências da Terra e da Lua é que permitem a existência dos corpos vitais do planeta Terra e da Lua como corpos siderais. A Consciência do Grande Sol é um corpo energético que rege o crescimento e é responsável pelo desenvolvimento da Terra.

A Consciência da Terra é o corpo vital que cultiva, além da própria vida do planeta, as diversas outras vidas que nele habitam. Ela não tem nenhuma outra função. A Consciência da Lua, além de ser a consciência de um corpo sideral, exerce diversas influências sobre o planeta Terra. Essa é a sua função.

Existem dez Grandes Espíritos na nona dimensão e, apesar de se dizer que eles recebem a luz que vem de um plano acima da décima dimensão, na verdade, essa luz vem através da Consciência do Grande Sol. Essa consciência, por sua vez, recebe a luz da Consciência do Sistema Solar da décima primeira dimensão e atrai essa energia para a Terra. Essa energia da Consciência do Grande Sol é transmitida à nona dimensão.

Assim, como já é do conhecimento de vocês, na nona dimensão encontram-se eu, Jesus Cristo, Shakyamuni Buda, Moisés e outros Grandes Espíritos. Todos esses seres são espíritos que tinham personalidades humanas muito antes do planeta Terra existir e que, enquanto viviam em outros planetas, foram líderes que atingiram o mais alto grau de elevação espiritual.

Essas entidades espirituais receberam um grande chamado superior e se reuniram na Terra, para criar um ambiente de aprimoramento espiritual da vida no campo magnético terrestre. Reuniram-se com a missão de construir um novo reino da alma.

Vez ou outra, nós também somos chamados de Deus, mas somos deuses personificados e, nesse sentido, podemos dizer que somos espíritos humanos que atingiram o mais alto grau de elevação.

Atualmente, o responsável pela cadeia de comando do sistema do mundo da nona dimensão sou eu, Jesus Cristo. E quem assumiu a missão de "construir a história e uma nova civilização na Terra" é a Consciência do Grande Espírito chamado Gautama Buda.

Creio que essas são as definições que podemos dar de Deus.

2. O Desejo de Deus

Eu estou atualmente numa dimensão elevada que vocês chamam de nona dimensão. A partir do ponto de vista dessa dimensão elevada, da qual eu pertenço, pretendo falar sobre o "O Sagrado Desejo de Deus".

Se me perguntarem se eu converso com a Consciência do Grande Sol, eu diria que, na verdade, não se trata bem de uma conversa. Eu recebo a influência da energia dessa Entidade. Diariamente, penso e ajo segundo sua orientação. Acredito que possa ser explicado dessa maneira.

Então, afinal, como é a Consciência do Grande Sol? Pretendo falar mais sobre isso.

Para se saber mais sobre a Consciência do Grande Sol, temos de conhecer o seu objetivo fundamental. Afinal, qual o objetivo da Consciência do Grande Sol na décima dimensão da Terra? Podemos também dizer que ela existe para impulsionar um grande processo de evolução. A Consciência do Grande Sol, que foi emanada do Espírito da Consciência do Sistema Solar, executa o trabalho de construção de um mundo ideal no campo magnético terrestre, para que este planeta se torne como uma estrela preenchida de luz e, quando conseguir realizar uma maravilhosa utopia, o próprio corpo da Consciência do Grande Sol evoluirá espiritualmente, a fim de se tornar a Consciência do Sistema Solar num outro corpo sideral.

Assim sendo, a Lei da Evolução não se aplica apenas aos seres humanos da Terra. Até mesmo as consciências da nona e décima dimensões estão em evolução. Estão dentro da corrente evolutiva.

Acredito que seja mais fácil de compreender explicando dessa maneira.

Portanto, pode-se dizer que até mesmo a Consciência do Grande Sol está em meio ao processo de aprimoramento espiritual.

E que ação irá executar ao se tornar uma Consciência do Sistema Solar da décima primeira dimensão? Ela se dedicará ao grandioso objetivo de cumprir a missão de conduzir o sistema solar. Essa gigantesca consciência também está cumprindo uma grandiosa evolução.

A Consciência Espiritual do Sistema Solar possui uma força milhões de vezes maior que a Consciência do Grande Sol, regente da Terra. Portanto, para seres como nós, que tivemos corpo carnal na Terra, no sentido verdadeiro, o espírito e o poder de Deus existentes na Consciência do Sistema Solar são imensuráveis. O que podemos fazer simplesmente é procurar captar o sentido de Deus usando a nossa capacidade humana de compreensão.

Nesse sentido, creio que se possa dizer que "o próprio Deus também está em evolução". Por estar o próprio Deus em evolução, Ele também deseja a evolução de todos os seres que Lhe estão subordinados. Se os seres que Lhe estão subordinados não evoluírem, Ele próprio também não evoluirá.

Pode-se dizer o mesmo de um professor: enquanto não houver a elevação da consciência dos alunos, o professor fica impedido de aprimorar a sua própria capacidade.

Se um professor de escola primária ensinar apenas os alunos do primário, não conseguirá aumentar a sua capacidade. Se for um professor universitário, conseguirá evoluir se der aulas na faculdade e também ensinar os alunos da pós-graduação. O mesmo ocorre com os espíritos superiores. Se continuarem educando apenas as consciências de dimensões bem inferiores, não evoluirão. Assim é a evolução.

Portanto, para que Deus continue a evoluir, é preciso que almejemos a evolução do nosso próximo. Isso vale também para a religião. Enquanto a educação dos discípulos não for suficiente, seu mestre também não conseguirá evoluir. Ele não poderá transmitir um ensinamento mais elevado. Creio que posso explicar dessa forma.

Um líder religioso competente deve instruir seus discípulos para que sejam competentes, e estes devem instruir seus subordinados para que sejam competentes também.

Do mesmo modo, como a própria Consciência do Grande Sol da décima dimensão almeja a evolução, os espíritos da nona dimensão também a almejam.

Há uma razão para existirem dez Consciências Espirituais, que são os pilares da nona dimensão: "Elas, cada qual com a sua própria personalidade, devem ajudar-se mutuamente para a evolução de todos.

Se isso não fosse necessário, seria suficiente somente um Grande Espírito na nona dimensão. Poderia se dizer que somente uma Consciência de Grande Espírito é suficiente para supervisionar e instruir as dimensões do planeta Terra. Contudo, uma vez que existem dez Consciências Espirituais mestres, isso significa que todos devem valorizar suas personalidades e individualidades e almejar a evolução deste planeta como um todo.

Nós, que somos grandes espíritos da nona dimensão, também estamos nos esforçando para o aprimoramento e evolução diária. E a força motriz que nos impulsiona para essa evolução vem da missão de guiar os nossos discípulos, que também podemos chamar de espíritos superiores. Se eles evoluírem, nós também evoluiremos. Como já foi dito, se os alunos se tornam excelentes, o professor também parecerá excelente.

3. A Grande Harmonia

Já mencionei que os espíritos superiores são como luzes com características individuais e evoluem por meio da cooperação e da competição entre si.

Esse processo é parecido com o Princípio da Livre Concorrência, que também existe no mundo terreno. Porém, existe uma diferença com relação à Terra: a evolução de um espírito não deve beneficiar exclusivamente a ele próprio. A evolução de cada espírito visa um objetivo mais nobre e almeja beneficiar o maior número possível de pessoas.

Esse conceito poderia ser aplicado, por exemplo, aos seres humanos da Terra que trabalham numa empresa. Não basta que o profissional seja promovido e suba de cargo. É preciso que ele seja capaz de gerar um lucro maior à empresa em função da sua promoção, justamente por ser competente; então, essa parcela de lucro maior certamente irá beneficiar muitas pessoas. A promoção e o progresso individual só se justificam quando se tem um objetivo como esse. O progresso e a evolução cujo objetivo são simplesmente satisfazer o orgulho e o ganho individual não são permitidos. O objetivo da evolução de uma pessoa é contribuir com um objetivo ainda mais nobre.

Vendo sob esse ângulo, podemos identificar outra faceta da Lei da Evolução: a evolução e a harmonia, consideradas os dois grandes princípios da vida, não são absolutamente independentes. A semente da harmonia está contida na própria evolução ou no progresso. Ou seja, existe um princípio atuando: "O progresso de uma pessoa significa o progresso de outras pessoas; isto é, o verdadeiro sucesso somente é obtido quando fazemos com que outras pessoas também obtenham sucesso".

Se o sucesso de uma pessoa significasse o insucesso de outras, não haveria como conciliar o progresso e a harmonia, mas, felizmente, há também o princípio de que o progresso de um leva ao progresso dos outros.

Isso é verdade, pois quanto mais o professor estudar e se tornar alguém competente, mais os alunos serão beneficiados.

Em suma, dentro do princípio do progresso está contida a semente da harmonia. O progresso que prejudica outras pessoas não é aprovado por Deus.

Sendo assim, o objetivo tanto dos espíritos superiores como dos habitantes da Terra é almejar a evolução da alma, que deve contribuir positivamente para a evolução de seus contemporâneos.

Assim surge um mundo não somente de harmonia, mas de uma "grande" harmonia.

As pessoas tendem a pensar na harmonia como sinônimo de estagnação. É comum imaginar que a harmonia leve à manutenção do status quo. Talvez possamos chamar de harmonia aquele tipo de vida tranquila no campo, onde ninguém se destaca e tudo continua do mesmo jeito. Contudo, ela não é a harmonia no seu verdadeiro sentido. A grande harmonia é viver amigavelmente em meio ao progresso e desenvolvimento do todo.

Harmonia não é viver amigavelmente, preservando a situação geral, desestimulando o desabrochar de talentos individuais e bloqueando a evolução de todos. A harmonia almejada por Deus não é assim.

O mais puro desejo de Deus é que haja uma harmonia de alto nível, em que o crescimento de uma pessoa propicie o crescimento de outras, em que cada pessoa compartilhe o resultado do seu crescimento com as demais.

Esse princípio nos leva a concluir que existe um ciclo virtuoso infinito de evolução e harmonia.

Sendo assim, apesar de eu ter pregado a igualdade das almas perante Deus, a igualdade não significa manter tudo como está, mas sim, que é desejável uma igualdade na qual tudo evolua para melhor.

O importante é que todos se amem e que todas as almas sejam amadas igualmente por Deus ao longo da caminhada da evolução. Não é considerado um bem a evolução de apenas uma alma, em prejuízo da evolução das demais. Pode-se dizer que é importante que os seres humanos amem-se uns aos outros ao longo do processo de evolução de todos.

Os seres humanos são todos filhos de Deus, seres criados por Deus. E essas almas, originadas da ramificação do Espírito Deus, têm um único objetivo dentro de si: evoluir e se desenvolver independentemente como uma personalidade única, e cultivar a harmonia com as demais.

Devemos todos nos unir e construir o grande jardim de Deus. Devemos acreditar que estamos criando uma obra de arte de Deus. Podemos dizer que nós somos os jardineiros que cultivam o grande jardim da obra de arte de Deus.

Deus não aprova um jardim descuidado, cheio de mato. Ele almeja cultivar esse jardim, acrescentar pedras, plantar sementes, cultivar flores exuberantes, construir um chafariz, soltar pássaros e borboletas, obtendo assim um maravilhoso e grande jardim.

Assim, vocês devem pensar no grandioso ideal e desejo de Deus, compreendê-lo e se comover com isso.

4. Um Momento Infinito

Eu estou explicando sobre a visão do mundo, conforme a minha compreensão, a partir do ponto em que me encontro.

Aqui há um importante ponto de vista: "Não se deve nem apressar nem postergar".

Deus vem cuidando dos seres humanos carinhosamente há um tempo muito longo. Muitas coisas aconteceram ao longo desse tempo. Muitos incidentes aconteceram. Houve alegrias e tristezas, esperanças e derrotas. E, independentemente do fluxo do tempo, sempre houve a presença do grandioso Deus.

Deus não tem princípio nem fim. Nós não sabemos quando se iniciou essa grande Superconsciência, nem sabemos quando vai desaparecer. Não sabemos onde surgiu nem conhecemos o Seu futuro. O que nós, grandes Espíritos Divinos personificados, sabemos é apenas a nossa origem e o nosso destino.

Nesse sentido, vocês não devem se esquecer jamais de que são apenas um ponto dentro do tempo infinito, embora os seres viventes da Terra vivam medindo o tempo terreno e as eras. Não se esqueçam jamais que vivem dentro da eternidade.

Isso significa que Deus também representa a paciência.

Aos olhos de vocês, o mundo terreno talvez esteja repleto de maldades e injustiças. Talvez elas pareçam infindáveis. É possível que vocês pensem: "Por que afinal existem tais coisas no mundo criado por Deus?". Contudo, a longuíssimo prazo, tudo isso será purificado e levado pela corrente. Digamos que, a água do rio também pode se contaminar, mas, numa visão macro, ela também será levada pela corrente.

Os seres humanos da Terra têm a tendência de julgar as coisas com base em seus pontos de vista. Tentam medir este universo com base na sua própria estatura de um metro e alguns centímetros, e no seu limitado tempo de vida de apenas algumas décadas.

Contudo, eu os aviso de que não há como medir o tempo de Deus e o Sagrado Coração de Deus usando-se os parâmetros humanos. Isso seria semelhante à extrema dificuldade que teríamos para medir a circunferência da Terra usando apenas uma régua de trinta centímetros. Não há como medir o tempo de Deus com um relógio.

Por mais que as suas horas de tristeza pareçam infinitas, aos olhos de Deus elas podem ter se passado num ínfimo instante. Por mais que as suas prosperidades pareçam infinitas, aos olhos de Deus talvez não passem de um pontinho.

A evolução é importante. O progresso é importante. Contudo, ao longo desse processo, vocês verão a ruína, o retrocesso e a degeneração. Entretanto, saibam também que tudo isso vai ser absorvido pelo grande fluxo do tempo.

A evolução se parece com as correntes marítimas, que, em seu caminho, provocam redemoinhos. Nos estreitos, onde as correntes são rápidas, formam-se grandes redemoinhos. Saibam que, por maiores que sejam os redemoinhos, as correntes marítimas nunca deixam de fluir. Elas não param jamais. Mesmo que apareça um redemoinho, uma estagnação, um retrocesso, as correntes não param jamais. Num determinado momento é um redemoinho, mas este está dentro de uma grande corrente, está junto com a grande corrente. É preciso ter essa consciência. É assim que eu penso.

5. A Origem do Macrocosmo

Pretendo falar sobre o macrocosmo.

Este é um tema que tem sido pesquisado pela humanidade por muitos milênios. A espécie humana da antiguidade, de dois mil anos atrás, de quatro mil anos atrás, de dez mil anos atrás, sempre questionou: "Afinal, o que é o macrocosmo?"

O macrocosmo é de fato um mistério. O ser humano, por muito tempo, vem refletindo sobre a sua própria existência observando o céu, as estrelas, o Sol, a Lua e tudo o mais que é visível aos olhos humanos. Apesar dos seus esforços, ele nunca conseguiu chegar a uma conclusão final.

Os seres humanos da antiguidade chegaram a pensar que havia um domo no céu, como num planetário, e dentro dele a Lua e as estrelas se moviam.

Aliás, não foi só há alguns séculos que se descobriu que a Terra gira? E a rotação da Terra em torno do Sol — também não foi descoberta há pouco tempo?

Para os seres humanos que vivem na Terra é difícil compreender que o Sol é maior que a Terra. Eles sequer conseguem discernir, a olho nu, qual é maior, o Sol ou a Lua. Ainda mais difícil é compreender conceitos complexos como os de que a Lua gira em torno da Terra e a Terra gira em torno do Sol. Um coração singelo diria que a Terra gira em torno da Lua, o Sol gira em torno da Terra e as estrelas também giram em torno da Terra. Contudo, a ciência provou que tais conceitos humanos estavam errados.

Assim, o que é óbvio para vocês hoje logo provará que não é. Esse momento está chegando.

Vocês pensam que para voar até outros corpos siderais é preciso viajar por longas horas numa espaçonave, certo? Entretanto, no nosso mundo, o macrocosmo é uno.

Em torno do campo magnético espiritual do planeta Terra, existem diversos espaços, tais como os espaços da quarta, da quinta e da sexta dimensão. Tais campos espirituais são campos magnéticos que se encerram em si mesmos, no mesmo espaço do planeta Terra. Contudo, no nosso mundo, no mundo das dimensões elevadas, os campos magnéticos extrapolam o espaço do planeta Terra e se interligam com todo o universo.

Se houver algum corpo sideral evoluído como o nosso, as dimensões espirituais do nosso mundo estarão interligadas com as desse outro corpo sideral. Imaginem uma correia que interliga duas rodas de tamanhos diferentes, que estão em movimento. Em torno delas, há uma correia de borracha que também gira. Dentro de cada roda, a estrutura é de múltiplas camadas e, do lado de fora, há essa grande correia. Assim é o mundo. Essa correia de borracha interliga também outras rodas e transmite energia umas às outras.

Eis a verdadeira imagem do nosso mundo.

Embora aparentemente cada estrela ou corpo sideral viva independentemente e tenha o seu próprio desenvolvimento, eles estão, na verdade, interligados numa dimensão superior.

Nós estamos transmitindo a verdade espiritual a vocês por meio de mensagens espirituais. Mesmo assim, creio que não estamos conseguindo transmitir suficientemente o segredo do mistério do mundo, no seu verdadeiro sentido.

Na verdade, o mundo em que eu vivo também está interligado com outros corpos siderais. E a distância entre o mundo em que estou e os outros corpos siderais não é tão grande a ponto de ser necessárias espaçonaves para se locomover. É como se fôssemos vizinhos próximos. Vivemos num mundo assim. No entanto, para vocês, essa distância é quase infinita. Essa é a percepção relativa.

Nós conversamos muito com seres de outros planetas e discutimos a evolução espiritual mutuamente. Além disso, estudamos dia e noite para descobrir como introduzir as qualidades que eles têm e que nós não temos.

Existem outros planetas evoluídos, inimagináveis para nós. Tais como as formigas, os cachorros, os gatos ou outros animais, que não conseguem compreender a vida de seres humanos, no universo existem diversos grupos espirituais de diferentes graus de evolução.

Nós vivemos num planeta altamente desenvolvido, porém, aos olhos de alguns viventes de outros corpos siderais, o nosso planeta pode parecer em desenvolvimento ou subdesenvolvido; enquanto para outros, somos muito desenvolvidos.

Nós temos que desenvolver um critério único para medir a evolução dos planetas.

Uma das coisas que estamos aprendendo com habitantes de outros corpos siderais, e que podemos revelar, é que existem mundos altamente desenvolvidos, com escalas de valores inimagináveis para os viventes da Terra.

Por exemplo, quando vocês, viventes da Terra, querem definir uma hierarquia, que critérios usam? Posição social, dinheiro ou outros fatores?

Acontece que, em outros planetas, os critérios são diferentes. Há planetas cujo critério que determina a hierarquia é o senso estético. Não é necessário que a pessoa seja um pintor de quadros, escultor ou pianista, mas é o senso estético que uma pessoa possui que determina a superioridade ou não da alma.

Num planeta assim, quando se quer eleger o primeiro-ministro, por exemplo, escolhe-se aquele que tem o mais elevado senso estético. O padrão moral desse mundo determina que se preguem ensinamentos sobre a liderança, baseada na capacidade de se descobrir a beleza interior da alma.

Esta é também uma verdade. No entanto, ainda não é uma verdade na Terra. Nesse planeta, esse é um critério válido somente dentro de um pequeno grupo de artistas.

Quando nos encontramos com seres de outros planetas, vemos que seguem esse sistema de valores. Nesse planeta, o critério para se avaliar a evolução das pessoas baseia-se certamente no número de coisas que a pessoa já foi capaz de criar. O critério consiste em mensurar quantas obras ela conseguiu criar ao longo da vida, com base no seu esforço próprio.

Num lugar assim, são altamente valorizadas e respeitadas as pessoas que construíram navios, prédios, aviões, ou fabricaram produtos agrícolas.

Aos olhos dos povos desses planetas, pessoas que trabalham em escritórios, como nos das empresas da sociedade terrena atual, são vistas como se pertencessem a uma classe de escravos. Pessoas que não produzem nada ou que somente executam trabalhos para os quais podem ser facilmente substituídas são consideradas de classes inferiores.

Nesses mundos, são admirados aqueles capazes de criar algo, e a evolução da alma de uma pessoa é avaliada com base em quantas obras ela realizou ao longo da vida.

Se adotarmos também esse critério, a hierarquia dos viventes da Terra certamente mudaria. Ou seja, mais valeria um poeta que escreveu uma pequena coletânea de poemas do que o presidente de uma empresa de dez mil funcionários. Ou ainda, aquele que criou o seu próprio vaso de flores seria considerado superior a um presidente corporativo. Esse tipo de visão de mundo existe de fato.

Eu também costumo conversar com pessoas de outros corpos siderais. Durante a conversa, eles falam: "No nosso planeta, as pessoas mais respeitadas são aquelas que têm mais amigos". Nesse caso, a pessoa mais valorizada é justamente a que tem o maior círculo de amizades. Quando questionamos por que avaliam as pessoas dessa maneira, elas respondem que o que mais importa é saber até que ponto alguém é capaz de influenciar outras pessoas.

De acordo com esse critério, mais vale alguém que tenha um amplo convívio social do que aquele que vive sozinho, num local retirado. Ou, ainda, quanto mais famoso, melhor.

Enfim, existem mundos onde o que conta é o tamanho da rede de amizades. Quanto mais pessoas reconhecerem a personalidade de uma pessoa, mais nobre ela é considerada.

Eles dizem que o mais importante trabalho na vida é o relacionamento com os demais; se não for para influenciar ninguém, nem vale a pena viver.

Portanto, se as pessoas desse planeta quiserem evoluir e ter sucesso, precisam encontrar o maior número possível de pessoas por dia. Portanto, elas se esforçam para isso, pois quanto mais pessoas conhecerem e influenciarem por dia, melhor. É uma vida de muito trabalho. Elas pensam: "Hoje, falei com tantas pessoas e consegui realizar tal tipo de trabalho voltado para o desenvolvimento".

Há também pessoas que se orgulham de ostentar a marca de "dez mil pessoas já contatadas aos 30 anos" ou "cem mil pessoas, aos 40 anos" como se isso fosse uma medalha de honra ao mérito.

Em contrapartida, existe um outro planeta cujos habitantes têm outra visão do mundo. Nesse planeta, o valor mais sublime é a vida humana e, portanto, as pessoas mais respeitadas são aquelas que geraram mais crianças, pois o povo crê que essa seja a tarefa mais produtiva e criativa que alguém pode executar.

Bens materiais como cerâmica, máquinas, carros ou navios podem quebrar com o tempo. Por outro lado, a tarefa de gerar uma vida humana é considerada um trabalho sagrado, pois o filho gera netos; estes, bisnetos e assim por diante. Por ser um empreendimento que tem uma continuidade no tempo, é considerado o mais sagrado dos trabalhos.

"Eu nunca ouvi dizer que um carro gerasse outro carro." "Eu nunca ouvi dizer que um avião gerasse outro avião", dizem. No entanto, o ser humano gera outro ser humano. Nesse sentido, a pessoa que gera o maior número de filhos é também a mais respeitada. Assim, o pai com maior número de filhos é nomeado rei de uma nação ou chefe de uma organização. E a mulher que gera o maior número de filhos é nomeada rainha.

Num certo sentido, no mundo das abelhas o critério também é esse. A abelha capaz de gerar uma grande quantidade de abelhas operárias vive como rainha. Aquele mundo é assim.

Portanto, há povos em que o ato de gerar outros seres humanos é a melhor prova de evolução.

Temos ainda oportunidade de falar com pessoas de outro tipo de mundo. Observando esse povo, concluímos que o seu conceito de valor é a serenidade do coração. Para esse povo, o mais sábio é aquele capaz de viver sem perder a serenidade do coração.

Nesse planeta, diferentemente do critério que valoriza a quantidade de relacionamentos pessoais, não é preciso se relacionar com outras pessoas, pois o mais importante é não perder o controle emocional, o dia todo.

O povo desse planeta anda com um aparelho que mede o comprimento de ondas do coração, como se fosse um marca-passo, para acompanhar o batimento cardíaco. Todos os dias, eles registram os dados num diário e imprimem um relatório gráfico, que representa a variação do comprimento de ondas do coração ao longo das 24 horas por dia.

Assim, nesse planeta, a pessoa com menor descontrole é considerada a mais competente. O mais importante é viver sem perder o controle emocional, portanto, são mais valorizados aqueles que levam uma vida serena.

Ouvindo essa história, talvez vocês já desconfiem que essa seja a origem do Taoismo.

Falei sobre diversos planetas. Muitas pessoas que já viveram nesses planetas estão reencarnando na Terra e pregando os seus sistemas de valor. Assim, com a mistura de tais conceitos, surgiu na Terra um princípio dominante ou um valor integrador desses conceitos.

Eu estou atualmente na nona dimensão, pesquisando os princípios comportamentais e os sistemas de valor de diversos planetas, a fim de identificar o estilo de vida ideal para os habitantes da Terra, ou ensinamentos que sejam verdadeiramente úteis à humanidade. Tenho realizado esse tipo de pesquisa dia e noite.

Todos admitem que deveria haver verdades próprias do planeta Terra. Entretanto, nos outros planetas, existem valores diferentes e a grande dificuldade está em selecioná-los e definir a dosagem ideal para desenvolvermos princípios de valores tipicamente terrenos.

Essa é também uma questão parecida com a das relações existentes entre as nações do mundo da terceira dimensão. No passado, houve época em que o Japão se fechou para outras nações. Quando ele se abriu, recebeu um grande fluxo de civilizações e culturas europeias. Certamente foi preciso, na época, um grande esforço para selecionar o que deveria ser absorvido e o que deveria ser rejeitado pela cultura japonesa.

No final, o Japão adotou uma base cultural e civilizacional adequada e necessária para si, e ela foi digerida e transformada em algo exclusivo e único.

Tudo isso está acontecendo no nosso mundo numa escala bem maior. Nós também estamos pesquisando dia e noite os Princípios da Utopia para este lugar chamado Nova Terra, relacionando-nos com diversas almas que pertencem a grupos espirituais de outros planetas.

6. O Coração da Verdade

Existem no macrocosmo diversas leis e diversos conceitos de valor. E o que há de comum entre todos os seres é o desejo de viver com o coração da Verdade. Por isso cada qual está procurando com afinco a resposta para a pergunta "O que é o coração da Verdade? O que é a Verdade?" Essa questão está sendo pesquisada em diversos planetas. O que é verdadeiro e o que é falso? Estão todos pesquisando sob diferentes ângulos e cada qual valorizando a sua individualidade.

A Verdade é como uma montanha de tesouros. Muitas pedras preciosas são encontradas, independentemente de onde se começa a procurar. Qual a joia que vai lhes satisfazer? Seria um anel de rubi? Um colar de diamantes? Um colar de pérolas estaria bom? Ou um prendedor de cabelos de coral? São diversos tipos de joias.

Diante dessa montanha de tesouros, ainda seria preciso escolher entre as várias pedras: pérolas, diamantes, safiras ou rubis? Mesmo assim, há um consenso de que todas são joias.

O que caracteriza uma joia é o fato de ela ter valor e uma beleza que atrai o interesse das pessoas. É isso o que qualifica uma joia.

De agora em diante, muitas Verdades Divinas apropriadas à Terra serão ensinadas. Ensinamentos específicos para cada povo, cada religião e cada escola de pensamento serão pregados pela Happy Science em forma de mensagens espirituais. Na verdade, o objetivo é mostrar às pessoas essa montanha de tesouros. E ainda lhes é concedida a chance de decidir, diante dessa montanha, por qual joia irão optar.

Nessa ampla visão, há algo comum a todos, comum ao coração de todas as pessoas, comum ao comportamento de todas. O que seria isso? Na verdade, é a busca pelo Coração da Verdade. Como viver uma vida sem se desviar do verdadeiro caminho? Como viver uma vida em busca do verdadeiro? O que é a verdade da alma? Pesquisar esses temas é um dever atribuído ao ser humano.

Como habitantes de um dos planetas do universo, a Terra, vocês devem estudar seriamente em que posição um ensinamento se encontra, dentre os diversos existentes. E com base nesse estudo, devem construir algo maior.

Do ponto de vista deste universo e deste mundo, as pessoas devem se esforçar e se dedicar diariamente à tarefa de lapidar o coração, pois essas são atitudes que correspondem ao amor de Deus.

Deus criou um universo maravilhoso, criou os princípios que regem o universo e espalhou por ele uma infinidade de joias. As montanhas de tesouros estão espalhadas por aí. Uma vez sabendo da existência delas, vocês devem sair à sua procura, pois não seria essa uma atitude que corresponderia ao amor de Deus?

Por exemplo, se os pais preparam um delicioso banquete, mas o filho não o saboreia, o amor dos pais acaba sendo em vão. É a mesma coisa. Se Deus está colocando diversos pratos maravilhosos à mesa, é bom que seus filhos alimentem-se bastante. Pois esses alimentos em breve se tornarão seu sangue, sua carne, sua saúde e sua prosperidade.

Sejam capazes de corresponder de forma magnífica a esse grandioso amor de Deus.

Encerro com estas palavras o meu tema de hoje.

Capítulo Três

Oração e Vida

1. Orações Diárias

A oração é o mais sublime ato na vida de uma pessoa. Os animais e as plantas não a praticam. O ser humano, sim.

A oração é a ponte que liga o ser humano a Deus. E também é a resposta de Deus ao ser humano. Quando ora a Deus, o ser humano se torna humilde e eleva seu pensamento para além de si mesmo.

O ser humano é uma parte que se ramificou de Deus e sua vida possui um valor sublime. No entanto, ao longo da sua vida na Terra, com frequência ele se esquece disso e passa a ter uma vida vazia e sem sentido. Uma vida baseada em oração, portanto, é algo importantíssimo para a pessoa que quer buscar o sentido da vida e manifestar a sua essência de filho de Deus.

A oração purifica o coração, fazendo com que ele esteja em comunhão com Deus, e o mantém sempre pronto para receber as ações dos espíritos superiores. Por isso, eu insisto na importância da prática da oração diária.

Ao acordar pela manhã, primeiro orem. Sentem-se próximos à janela pela manhã e orem voltados para o Sol. Orem em direção ao Sol da manhã.

Oração da Manhã

Ó Deus,
muito obrigado por mais um dia maravilhoso.
Como um servo de Deus,
agradeço por teres me concedido mais um dia de vida.
Hoje também, como filho de Deus,
prometo viver de modo saudável, puro e correto.
Prometo viver diariamente conforme a
vontade de Vosso Coração.
Prometo viver diariamente realizando a
vossa esperança.
Prometo caminhar diariamente convosco.
Ao despertar e iniciar o dia de hoje,
prometo que não vou pensar somente em meu benefício.

Pensarei na felicidade da família.
Pensarei na felicidade das pessoas da comunidade.
E vou agir em prol de toda a humanidade.
Prometo que, para aproximar, ao menos um pouco, este mundo terreno do Vosso Coração,
Viverei este dia com entusiasmo.
Prometo viver as 24 horas de hoje de acordo com a orientação do Vosso Sagrado Coração.
Ó Deus,
Por favor, orienta-me.
Ó Deus,
Por favor, ilumina o meu futuro.
Ó Deus,
Por favor, esteja comigo.
Ó Deus,
por favor, sob a orientação dos espíritos superiores, abre o caminho diante de mim.
Abra um caminho reto à minha frente.

Eis a Oração da Manhã. Comecem o dia com essa oração. E não se esqueçam também de orar a Deus no café da manhã.

Oração do Café da Manhã

Ó Deus,
ao iniciar o dia de hoje,
agradeço-Vos por ter me concedido
a oportunidade do café da manhã.
As coisas que aqui estão são os alimentos
que se transformarão no meu corpo,
no meu sangue e na minha energia.
Graças à Vossa força,
estes alimentos foram-me concedidos
para iniciar o meu dia de hoje.
Agradeço de coração por poder me alimentar.
Ó pão, arroz, sopa e demais alimentos,
que se transformarão em meu sangue
e em minha carne,
agradeço de coração por servirem ao aprimoramento
da minha alma.
Agradecendo de coração pelos seus serviços,
Prometo iniciar o dia de hoje
transformando esse sentimento de gratidão em energia.

Façam destas palavras de oração, as palavras da manhã. Façam isto como promessa, no momento do café da manhã.
No jantar, façam a seguinte oração.

Oração do Jantar

Ó Deus,
agradeço de coração
por terdes me permitido passar o dia de hoje
de modo tão saudável.
Vós sempre tendes fornecido à minha vida
amor e carinho constante.
E uma vez mais
permitistes que eu encerrasse com segurança
o dia de hoje.
Com muita gratidão no coração,
relato ao Senhor que graças à luz do Sol que me
concedestes,
graças ao ar que me concedestes,
graças às bênçãos de muitas pessoas
que me concedestes,
graças às oportunidades que me concedestes, eu hoje
consegui viver com o correto coração.
E, assim, reunido com minha família,
recebo este jantar dando Graças ao Senhor,
com o coração preenchido de alegria.
Ó Deus,
aqui reunidos em família, saudáveis,
agradecemo-Vos, do fundo de nosso coração, por
podermos dedicar esta Ação de Graças ao Senhor.

Desejo de coração
que esta maravilhosa noite se repita,
além de hoje, amanhã, depois de amanhã e também
nos dias futuros.
Muito obrigado.

    Eis a Oração do Jantar. Revejam o dia com esse sentimento e agradeçam por poder jantar com a família.
    E, à noite, antes de dormir, é preciso fazer a última oração. A Oração para Antes de Dormir.

Oração para Antes de Dormir

Ó Deus,
agradeço de todo o meu coração
por terdes me permitido passar o dia de hoje em
segurança.
Eu, a partir deste momento,
irei entrar num sono profundo.
Esse sono profundo será possível
graças ao Senhor,
que me concedeu as horas do dia de hoje,
as quais consegui usar de maneira significativa
para o meu aprimoramento espiritual.
Por favor, concedei-me um sono bem profundo
e recupera-me do cansaço deste dia.

E para que, amanhã de manhã, eu
possa me dedicar ao serviço do mundo,
oro de todo o meu coração
para que eu possa despertar
com o corpo e a mente saudáveis.
Ó Deus,
muito obrigado.
Assim como me orientaste neste dia,
peço-Vos que também me oriente no dia de amanhã.
Do mesmo modo,
ó Espírito Guardião e Espírito Guia
que vive dentro do meu coração,
agradeço-Vos de coração
por me proteger e orientar no dia de hoje,
pois, graças à Vossa força,
o dia de hoje encerrou-se cheio de felicidade.
Muito obrigado.

Assim, façam com que essas quatro orações, a "Oração da Manhã, a "Oração do Café da Manhã", a "Oração do Jantar" e a "Oração para Antes de Dormir", sejam importantes no seu dia a dia.

2. Orações para os Momentos de Tristeza

Na vida, existem muitos momentos de tristeza, sejam eles causados pela própria infelicidade ou pela infelicidade de alguém da família. As causas podem ser diversas e as suas formas de manifestação também, entretanto, a tristeza é como as folhas e galhos da azinheira, que adornam o inverno e a vida.

Nos momentos de tristeza, não se pode esquecer o espírito de oração, da determinação de sempre viver com o espírito de oração.

No momento em que estiverem em oração, vocês estarão com Deus. Para caminhar com Deus, para viver com Deus, não devem esquecer da oração mesmo nos momentos de tristeza.

Vou agora explicar como orar nos momentos de tristeza.

Oração para os Momentos de Tristeza (I)

Ó Senhor nosso que estais no Céu,
agradecemos de todo o coração
pela vida que tivemos ontem.
Também pela vida de hoje.
E também pela vida de amanhã.
Graças à vida eterna que Vós nos concedestes,
somos capazes de superar quaisquer tristezas.
Mesmo nos dias tristes, o Sol brilha.
mesmo nos dias tristes,

o ar nos proporciona uma brisa refrescante.
Mesmo nos momentos de tristeza,
as plantas sorriram para nós.
Mesmo nos momentos de tristeza,
os animais riram para nós.
Mesmo nos momentos de tristeza,
há amigos que choram por nós.
Mesmo nos momentos de tristeza,
há a nossa mãe que nos abençoa com alegria.
Mesmo nos momentos de tristeza,
há anjos que abrem o nosso caminho.
Com o coração cheio de gratidão
pela força desses grandes amigos,
Gostaria de ofertar ao Senhor
a minha oração da tristeza.
Ó Senhor, ó Senhor, ó Senhor,
A sua força é muito mais antiga
que a origem da Terra
e também mais duradoura que o fim da Terra.
Vós estais vivendo o momento da eternidade.
Para Vós, mil anos é como se fosse um dia.
Para Vós,
a minha tristeza é também passageira.
Ó Senhor,
Por favor, eliminai a minha tristeza.
Ó Senhor,

Por favor, consolai-me na minha tristeza.
Ó Senhor,
Por favor,
fazei da minha tristeza diária algo do passado.
Ó Senhor,
expulsai a minha tristeza diária de dentro
do meu coração.
Ó Senhor,
convidai-me para dias felizes.
Ó Senhor,
concedei-me uma vida feliz.
Ó Senhor,
peço-lhes de todo o coração:
com a ajuda de muitas pessoas
e de muitos Anjos,
abri um lindo caminho diante de mim.
Ó Senhor,
estejais comigo nos momentos de tristeza.
Ó Senhor,
vinde a mim
e consolai-me nos momentos de tristeza.
Ó Senhor,
eu Vos amo de coração.
Eu vivo para Vós.
Nos momentos de tristeza,
chorai comigo.

Nos momentos de tristeza,
suportai comigo.
Nos momentos de tristeza,
encorajai o meu coração e
Tornai-Vos a luz da minha esperança.
Ó Senhor,
agradeço de coração por estar sempre comigo.

Eis a primeira oração para os momentos de tristeza. Na vida, a tristeza é inevitável. Contudo, não podemos ser derrotados pela tristeza. Temos de vencê-la a qualquer custo. Temos de superá-la a qualquer custo. Pois, esse é também o momento do grande salto da alma. O valor de uma pessoa é testado nos momentos de tristeza.

Se há lágrimas, é por que há alguma tristeza na vida. Não há como negar isso. Contudo, vocês não devem simplesmente derramar lágrimas. Elas têm de ser como joias que os fazem reluzir. As lágrimas precisam ser a força, a grande força que os conduz ao céu. Elas devem fazer com que se manifeste o puro coração que os ilumina a partir do seu interior. É dessa forma que eu sinto.

Sejam fortes nos momentos de tristeza! Nesses momentos, não devem pensar que só vocês estão tristes. Saibam que há muitas pessoas neste mundo que estão derramando lágrimas. E pensem profundamente no significado de comer o pão molhado de lágrimas. Aqueles que nunca comeram o pão molhado de lágrimas não conhecem a verdade da vida.

Vou lhes apresentar uma segunda oração para os momentos de tristeza.

Oração para os Momentos de Tristeza (II)

Ó Senhor,
seja nos momentos de tempestade,
seja nos momentos de chuva,
seja nos momentos de vendaval,
seja nos momentos de mar bravio,
seja nos momentos de tremor da terra,
vós sempre estivestes comigo.
Ó Senhor,
por mais profunda que fosse a minha tristeza,
provestes-me com o pão.
Quantos dias eu comi desse pão molhado de lágrimas.
E quanta energia da vida ele injetou no meu coração,
aquecendo-o.
Ó Senhor,
o pão que me destes é o pão da vida.
Por mais molhado de lágrimas que estivesse,

de dentro dele, brota uma energia inesgotável.
Ontem, eu comi desse pão.
Hoje também comi desse pão.
Eu, certamente, amanhã
também comerei o pão que me derdes.
Ó Senhor,
a partir de agora, todos os dias,
dai-me um pedaço de pão.
Vou superar essa minha tristeza,
tendo como alimento esse pedaço de pão.
Ó Senhor,
pela Vossa ajuda,
agradeço de todo o coração.

    Essa é outra oração para os momentos de tristeza.

    Nesses momentos, é importante suportar silenciosamente, sem deixar o "coração" se abalar. Tenham consciência de que não são os únicos a chorar.

    Ao conhecerem a profunda tristeza, precisam aprender a amar as pessoas. Vocês devem despertar para o carinho e a compaixão das pessoas.

    A tristeza não deve ser guardada para si. Ela deve se transformar num grande amor para muitas pessoas. Esse é o verdadeiro significado de se sentir tristeza.

3. Orações para os Momentos de Sofrimento e Dificuldade

Falei sobre a tristeza. Agora, gostaria de lhes apresentar as "Orações para os momentos de sofrimento e dificuldade".

Na vida, há muitos sofrimentos e dificuldades. Eles são como barreiras intransponíveis para a nossa força. São como uma imensa rocha que se sobrepõe diante dos seus olhos e não há como removê-la, nem como transpô-la. São nesses momentos que o ser humano sente o sofrimento e a dificuldade.

Contudo, não imaginem que esses sofrimentos e dificuldades sejam uma imensa rocha instransponível. A fé do ser humano é algo muito maior e mais forte. Tudo é concedido àqueles que creem. Nada é impossível para aqueles que creem. Tudo é possível e há esperança para tudo, desde que se tenha fé.

Nesses momentos, não se pode esquecer do sentimento de se crer em Deus com todo o coração. Não se esqueçam de ter muita fé em Deus nesses momentos difíceis. Confie tudo a Deus! Vocês devem ser fortes e capazes de viver energicamente, sem se curvar diante dos sofrimentos.

Vamos então apresentar a "Oração para os momentos de sofrimento".

Oração para os Momentos de Sofrimento (I)

Ó Deus,
eu estou sofrendo muito neste momento.
Sei que estou passando por uma grande provação
da alma.
Ó Deus,
contudo, eu creio
que este sofrimento enorme como uma montanha
em breve será solucionado.
Este sofrimento, mesmo parecendo uma montanha,
se fragmentado em pequeninas partes,
eu creio que, em pouco tempo,
pode ser removido com uma simples pá.
Creio que não existe sofrimento
que a força de um ser humano não seja capaz
de solucionar,
Pois, somos filhos de Deus.
e, sendo filhos de Deus,
sempre podemos receber a Vossa infinita força.
Creio que o sofrimento
não é algo que possa me fazer mal.
Creio que o sofrimento é algo que certamente
se tornará um nutriente para a minha alma.
Eu creio que o sofrimento
é como uma pedra de amolar,

que fará a minha alma brilhar.
Prometo fazer deste sofrimento um trampolim
e dar um grande salto.
Ó Deus,
por favor,
dai-me força para superar os sofrimentos.
Ó Deus,
por favor,
dai-me coragem para superar este sofrimento.
Ó Deus,
por favor,
dai-me a luz primordial da vida
para superar este sofrimento.
Ó Deus,
muito obrigado por sempre me dar amor.
Agradeço de todo o coração.
Neste momento,
sob a Vossa orientação,
prometo dar o primeiro passo corajosamente.
Quero sempre viver sob essa promessa.
Ó Deus,
eu, neste momento, faço uma promessa.
Haja o que houver,
por mais que surjam sofrimentos,
compreendi que é missão dos filhos de Deus
superar tudo isso.

Ó Deus,
avançarei com coragem.
Haja o que houver,
seja na neve, na tempestade ou na chuva,
decidi que avançarei.
Por ser vergonhoso não avançar,
eu nunca gravarei em meu coração
o pensamento de não avançar.
Creio que jamais registrarei tal coisa no meu diário.
eu Vos peço meu Deus,
Incentivai-me enquanto eu estiver avançando.
Vou marchar, por pior que seja a tempestade.
Quero dar um passo, dois passos, seguindo em frente,
Hoje mais que ontem,
amanhã mais que hoje.
Ó Deus,
preencha o meu coração de coragem.
Muito obrigado.

Eis a "Oração para os momentos de sofrimento".

O que importa nos momentos de sofrimento é não perder jamais a certeza de estar com Deus. É o sentimento de estar em comunhão com Deus.

Se Deus está com vocês, quem poderá ser seu inimigo? Se Deus está dentro de vocês, quem seria capaz de prejudicá-los? Primeiramente, chame Deus para dentro do seu coração. Se Deus estiver conosco, não há mais nada a temer.

Vamos agora apresentar uma segunda oração para os momentos de sofrimento.

Oração para os Momentos de Sofrimento (II)

Ó Deus,
eu creio que a vida é feita de esforços.
Ó Deus,
tenho vivido sem jamais negligenciar os esforços.
Assim, neste momento, tomei a decisão
de diariamente caminhar me esforçando mais.
Mas me parece que há grandes dificuldades me aguardando.
Contudo, Deus,
eu creio
que não há dificuldades nesta Terra
que não possam ser transpostas pelo esforço.
Eu creio
que os sofrimentos são apenas ilusões
no coração das pessoas.
Na verdade, para mim,
são graças divinas que Deus nos preparou
para que possamos nos esforçar

duas ou três vezes mais.
Sendo assim,
creio que são provas
preparadas por Deus para exercitar a nossa alma.
Portanto, vou superar essa grande provação
esforçando-me duas, três, quatro
ou cinco vezes mais.
Ó Deus,
lançai-me Vosso carinhoso olhar
devido ao meu esforço.
Ó Deus,
incentivai o meu esforço até o fim.
Ó Deus,
agradeço de todo o coração
por me concederdes o dom do esforço.
Eu, mais do que tudo, acredito que,
quando criastes os seres humanos,
gravastes a palavra "esforço" no coração humano.
Lembrando-me diariamente,
de que a palavra "esforço"
Está gravada no meu coração,
farei dela o meu princípio e o meu lema.
Prometo superar todas as dificuldades.
Ó Deus,
muitíssimo obrigado.

Eis a segunda oração para os momentos de dificuldades e sofrimento. Pratiquem-na e transponham diariamente as dificuldades e sofrimentos.

Vou apresentar agora a terceira oração para os momentos de sofrimento.

Oração para os Momentos de Sofrimento (III)

Ó Deus,
eu, no princípio,
não existia nesta Terra como um ser humano.
Quem me enviou para esta Terra
foi o Vosso Sagrado Coração.
Vós criastes o ser humano,
e dentro dele soprastes um nobre espírito.
O motivo pelo qual
soprastes um nobre espírito no corpo humano
é o Vosso desejo de que nós
Construíssemos a utopia na Terra pelo Senhor.
Sendo assim, ó Deus,
nós, agora, estamos prestes
a construir a grandiosa utopia na Terra.
Pedimos de todo o coração
que não haja quaisquer sofrimentos no nosso
caminho.

Estamos nos devotando diariamente,
com base no grande plano da construção da utopia.
Respondei, por favor, ao nosso coração
Ó Deus,
pedimo-Vos, de todo o nosso coração,
removei de nossa frente os obstáculos,
para o bem do grande objetivo de construir a utopia.

Eis a terceira oração para os momentos de sofrimento. Façam diariamente esse tipo de oração.

4. Orações para os Momentos de Cansaço

Além dessas orações que apresentei, há outras de que precisamos na vida, mas que não são apenas para os momentos de grande tristeza ou sofrimento.

Ao longo da vida, há momentos em que se sente a energia se esgotar, a força vital se esvair. É importante que façam também a oração para superar essas pequenas dificuldades. A oração é a ponte que liga a Terra ao Céu. Ela é como um tubo que se estende até onde Deus se encontra no Céu. E a energia de amor desce do Céu, fluindo através desse canal.

Por favor, mantenham sempre esse espírito. Não busquem a energia apenas nos alimentos. É essencial o sentimento de busca pelo grandioso Deus.

Quando estamos cansados, quem nos dá energia é o grandioso Deus. É o Deus Celestial. Orem de coração a Deus para que Ele os abasteça de energia.

A coragem brotará abundantemente. A força de vontade brotará inesgotavelmente. Valorizem essa oração nos momentos de cansaço.

Então, vamos apresentar a primeira "Oração para os momentos de cansaço".

Oração para os Momentos de Cansaço (I)

Ó Deus,
Eu estou trilhando uma longa jornada,
passo a passo.
Contudo, a minha força de vontade se esvaiu,
a minha força física se esgotou.
O meu corpo e o meu espírito estão enfraquecidos
parecendo-se como uma velha mula.
Ó Deus,
mas eu ainda não completei essa jornada.
Como é lastimável tombar de cansaço
no meio da jornada.
Ó Deus,
dai ânimo ao meu corpo cansado.
Dai ânimo ao meu espírito cansado.

Abri uma vida corajosa diante de mim.
Abri uma vida esperançosa diante de mim.
Abri um modo de viver repleto de entusiasmo diante de mim.
Eu, agora, rogo a Deus.
O que eu preciso neste momento é energia.
O que eu preciso neste momento é a força de Deus.
O que eu preciso neste momento
é a infinita sabedoria de Deus.
O que eu preciso neste momento
é a força de Deus que nutre as pessoas.
O que eu preciso neste momento
é a coragem infinita de Deus.
O que eu preciso neste momento
é a luz infinita de Deus.
Ó Deus, dai-me tudo o que preciso.
Tal como no passado em que Vós me destes tudo,
para este eu que está cansado desta viagem,
concedei grande força.
Concedei grande luz.
Concedei grande coragem.
Concedei grande sabedoria.
Ó Deus,
por favor, abri diante de mim o grande caminho.
Muito obrigado.

Eis a primeira "Oração para os momentos de cansaço".

Quando vem o cansaço, o ser humano precisa repensar algumas coisas. Repensar se o seu estilo de vida não está sendo materialista.

Existem o cansaço físico e o cansaço espiritual. Contudo, em ambos os casos, é inegável que o cansaço excessivo é provocado pelos pensamentos deste mundo material. É preciso repensar profundamente e descobrir qual é a causa do seu cansaço. Seria um cansaço por estar vivendo de acordo com a vontade do coração de Deus? Ou esse cansaço é causado por outra coisa? Essa é uma reflexão muito importante.

Se estiverem cansados sem realizar a vontade do coração de Deus e se esse cansaço é criado por vocês mesmos, então, é necessário eliminar a causa. É isso o que importa.

Se estiverem gastando energia em algo inútil, guardem essa energia e procurem aplicá-la em algo mais essencial. Isso é importante. É dessa forma que eu penso.

Vamos agora ensinar a segunda "Oração para os momentos de cansaço".

Oração para os Momentos de Cansaço (II)

Ó Deus,
eu creio que Vós sois a energia infinita.

Criastes esta grande Terra,
criastes as montanhas,
criastes o mar,
criastes o planeta Terra,
criastes as estrelas,
e criastes o Sol.
Sei que o Senhor é um ser grandioso.
Creio que também sois a energia
que nutre todos os seres vivos.
Sendo assim, ó grandioso Deus,
se a Vossa essência é a energia infinita,
injetai a energia infinita em mim,
que sou um ser humano criado por Vós.
Guiai-me para que a infinita energia
jorre do fundo do meu coração.
Creio que sou filho de Deus,
creio que sou o único filho amado por Deus.
Sendo assim, ó Deus,
dai-me a energia infinita.
Dai-me a coragem infinita.
Dai-me a luz infinita.
Dai-me a provisão infinita.
Dai-me a prosperidade infinita.
Ó Deus,
eu vos agradeço profundamente
por ouvirdes a minha prece.

O importante em primeiro lugar é crer.

Se Deus é energia infinita e se nós derivamos dessa energia, é natural que recebamos a luz de Deus. Penso que uma das coisas mais importantes da vida é fazer com que essa infinita energia vital flua para dentro de nós.

5. Orações para se Viver com Coragem

Ensinei as orações para os momentos negativos da vida, tais como a tristeza, o sofrimento e o cansaço. Entretanto, a oração não serve apenas para fazer com que o "eu negativo" se volte para o lado positivo. Há algo mais dinâmico numa oração. Existem orações capazes de abrir o nosso caminho, pois a mentalização faz parte da oração. Ela é a própria essência da oração.

A mentalização, como essência da oração, é algo material. Embora invisível a olho nu, aos olhos espirituais essa mentalização se manifesta como um objeto.

Se vocês amam alguém, essa mentalização é lançada para essa pessoa como se fosse uma bola de beisebol. Se vocês lançarem ódio, ele se transforma numa bola de ódio, que voa em direção ao destinatário. Assim, a mentalização possui uma "força ativa", como uma bola em movimento. Portanto, é importante pesquisar profundamente a natureza da mentalização e saber como aplicá-la.

Vamos agora apresentar a primeira "Oração para se viver com coragem"

Oração para se viver com coragem (I)

Ó Senhor,
eu, neste momento,
despertei para a minha essência de filho de Deus.
Sei que a essência de filho de Deus
é construir a utopia, o reino divino na Terra.
Sei que a essência de filho de Deus é agir
para realizar o amor ao próximo.
Sendo assim, ó Deus,
eu, a partir de hoje,
tomei a decisão de me levantar corajosamente,
para amar e proporcionar felicidade às pessoas.
Sustentai a minha coragem.
Animai a minha coragem.
Estimulai a minha coragem.
Deixai a minha coragem voar alto nos céus.
Afinal, coragem é a coisa mais importante
para realizar uma grande obra da vida.
Uma vez que despertei para a coragem,

pretendo vencer a luta contra as dificuldades da vida,
fazendo dessa coragem
a espada, o escudo, a lança e a flecha.
Por mais que a dificuldade seja grande,
por mais que o sofrimento seja enorme,
enquanto existir a arma chamada coragem,
desbravarei o meu caminho com essa arma.
Ó Deus,
muito obrigado por me conceder a coragem.
Usando com cuidado essa arma chamada coragem,
a partir de agora,
eu pretendo viver uma vida positiva.
Por favor, abri o caminho diante de mim.
Diante de mim,
diante da minha coragem,
ensinai-me que não há dificuldades.
Prometo dedicar-me diariamente e
esforçar-me dia e noite
para que a Vossa glória se manifeste na Terra.

Eis a primeira "Oração para se viver com coragem".

Na verdade, ela nos mostra que a oração não deve servir apenas como refúgio, mas também como um instrumento para se viver muito mais ativamente.

Esse positivismo, à medida que a mentalização seguir em uma direção mais elevada, produzirá resultados maravilhosos. Devemos ter com uma meta ambiciosa e um grande ideal. É nisso que reside o segredo da vida.

Vamos agora passar para a segunda "Oração para se viver com coragem".

Oração para se viver com coragem (II)

Ó Deus,
eu soube agora
que não há retrocessos na vida.
A impressão de que estamos retrocedendo é,
na verdade, uma ilusão de ótica.
Na minha vida não há retrocessos jamais.
Eu decidi fazer com que
tudo sirva de nutriente para a alma,
todas as dificuldades sirvam como pedra de amolar
para a alma e
todas as tristezas me sirvam de trampolim.
Ó Deus,
não há nada que me entristeça.
Ó Deus,
não há nada que me faça sofrer.

Ó Deus,
não há nada que me faça tremer de medo.
Por que este é um mundo criado por Vós.
Todos os seres que aqui vivem foram criados por Vós.
Inclusive eu, que Vos dedico esta oração,
fui criado por Vós.
Se neste mundo criado pelo Senhor,
as Vossas criaturas estão tentando viver,
é porque não deve haver nenhuma dificuldade.
Não deve haver nenhum sofrimento.
Tudo o que existe é somente um mundo maravilhoso.
Tudo o que existe é somente a manifestação de um mundo de felicidade.
Escalar a montanha, às vezes, pode parecer doloroso,
mas eu descobri que isso não é verdade.
Descobri que esse é um ato de Vosso amor,
para me exercitar e me manter saudável,
para me prover com o ar refrescante,
para me mostrar o nascer do sol pela manhã e
para me mostrar a paisagem terrena.
Eu, a partir de agora,
prometo caminhar corajosamente pela trilha da montanha.
Prometo avançar corajosamente rumo ao Vosso encontro.
A partir de hoje,

prometo viver uma vida sem retrocesso.
Prometo trilhar uma vida sem degradação.
Prometo trilhar uma vida só de progresso.
Prometo aprovar somente o estilo positivo de vida.
Ó Deus,
agradeço de todo o coração
por ter me orientado até hoje.
Permita-me viver amanhã, tal como sou hoje.
E Vos peço do fundo do meu coração,
que a partir de amanhã,
a minha vida se desenvolva
com mais coragem e positivismo.

    Eis a segunda "Oração para viver com coragem". À medida que vocês pronunciarem estas palavras repetidas vezes durante as orações, uma coragem inabalável e inesgotável vai brotar dos seus corações. Vivam valorizando essa coragem.

    A coragem é como um archote que ilumina as trevas da vida. Por mais tenebrosa que seja a noite, se estivermos com um archote, conseguiremos avançar sem medo e sem retroceder. Saibam que a coragem é a luz que ilumina a escuridão à nossa frente. Por favor, vivam uma vida sem retrocessos. Eu oro por vocês.

6. Oração para a Felicidade

Para finalizar, eu gostaria de transmitir a "Oração para a felicidade". Essa é uma das orações mais perfeitas que existe. Ao fazer a "Oração para a felicidade", o ser humano é abençoado com infinita coragem e sucesso.

Vamos primeiramente apresentar a "Oração para o sucesso", como a primeira parte da "Oração para a felicidade".

Oração para o Sucesso

Ó Senhor, eu
creio na grandiosidade da fé dos homens.
Creio que a fé é capaz de esfacelar até mesmo
uma rocha.
Creio que as promessas feitas de coração serão
todas realizadas.
Creio que, se tivermos uma fé do tamanho de
um grão de mostarda,
não há nada neste mundo
que não possamos realizar.
"Se tiverdes a fé como um grão de mostarda,
e disserdes a este monte:
Ergue-te e precipita-te no mar,
assim será feito".

Creio que essas palavras expressam a verdade.
Ó Deus, eu sei
que a fé em Vós é o ponto de partida de tudo.
Ó Deus, eu sei
que a fé em Vós é o princípio de todas as esperanças.
Ó Deus, eu sei
que a fé em Vós é a fonte de todos os sucessos.
Sendo assim, ó Deus,
concedei-me a prosperidade.
Concedei-me o sucesso.
Pois, eu creio em Vós, do fundo do coração.
Acendei a chama na minha fé.
Acendei a chama na minha tocha da fé.
Assim, a chama vai passando de tocha em tocha.
Eu quero estender esta chama a muitas pessoas.
E quero iniciar a marcha da luz chamada "sucesso".
Sob esta chama,
sob Vosso nome,
sei que não há como não ter sucesso.
Eu Vos dedico agora a oração para o sucesso.
Ó Deus,
manifestai o Vosso Sagrado Coração na Terra
assim como manifestastes no Céu.
Revelai o Vosso Coração infinito na Terra,
assim como Sois infinito no céu.
Ó Deus,

creio do fundo do coração na Vossa força.
Concedei-me a Vossa infinita força.
Concedei-me o Vosso infinito sucesso.
Muito obrigado.

Eis a "Oração para o Sucesso". Vivam sempre com estas palavras de coragem na boca. O coração é misterioso. Se imaginarem coisas ruins no coração, elas podem acontecer em torno de vocês. Se pronunciarem sempre palavras positivas, coisas positivas virão até vocês.

Isso vale também para as pessoas. Pessoas boas se juntam em torno de alguém que sempre fala bem dos demais. Más pessoas juntam-se em torno de alguém que fala mal dos outros. Sendo assim, basta só falar de sucesso para atrair pessoas bem-sucedidas. Isso é infalível.

Vamos agora apresentar a "Oração para a prosperidade" como a segunda parte da "Oração para a felicidade".

Oração para a Prosperidade

Ó Deus,
eu acredito que Vós sois a essência da prosperidade.
Vós sois prosperidade,

fazeis tudo prosperar, e
até os dias de hoje,
governastes a evolução do Macrocosmo.
Eu me conscientizei profundamente
de que o desejo do Coração do Senhor
é a prosperidade de todos,
é o desenvolvimento de todos.
Sendo assim,
ó Deus,
por também ser Vosso filho,
posso ser a base da prosperidade.
Ó Deus,
por favor,
usai-me como base da prosperidade mundial.
Usai-me como base do desenvolvimento mundial.
Usai-me como guerreiro da prosperidade mundial.
Usai-me como guerreiro do desenvolvimento
mundial.
Ó Deus,
uma vez que eu nasci para o desenvolvimento da
humanidade,
não há outra coisa na minha vida a não ser
desenvolvimento,
Não há outra coisa na minha vida a não ser
prosperidade.
Dai-me, por favor, uma vida positiva.

Dai-me a coragem para trilhar uma vida positiva.
Muito obrigado.

Eis a "Oração para a prosperidade".
Vamos agora apresentar a "Oração para a saúde" como terceira parte da "Oração para a felicidade".

Oração para a Saúde

Ó Deus,
vós criastes o ser humano como um ser perfeito.
Creio que o Vosso sagrado desejo
seja ver o ser humano vivendo como um ser perfeito.
Eu agora estou vivendo com um corpo físico na Terra
como um ser humano.
Embora o Vosso desejo original
projetasse um ser perfeito,
Parece-me que se manifestou uma doença
numa parte do meu corpo.
Contudo, eu sei que
essa não é a essência do ser humano.
Uma vez que criastes um ser perfeito,
na verdade, as doenças não existiam originalmente
no ser humano.
Somente a saúde existe.
Pois Deus criou o ser humano saudável.

Sendo assim, creio que esta minha doença
não tem permissão para continuar existindo na Terra.
Ó Deus,
tal como no Mundo Verdadeiro,
onde só criastes saúde,
também creio que só criastes saúde na Terra.
Ó Deus, eu, a partir de agora,
ofereço ao Senhor esta oração pela saúde.
Por favor, concedei luz para o meu corpo.
Por favor, concedei luz para o meu coração.
Por favor, curai a minha doença.
Ó Deus, ó Deus, ó Deus, ó Deus.
Ó Deus,
concedei a Vossa força para o meu corpo.
Curai o meu corpo doente.
Transformai o meu corpo doente em saúde.
Ó Deus,
sob Vosso nome,
tudo é possível.
Sob Vosso nome,
todos os milagres acontecem.
Ó Deus,
eu creio em tudo.
Ó Deus,
eu entrego tudo à Vossa vontade.
Ó Deus,

por favor, curai o meu corpo doente.
Eu, neste momento, estou rogando sob Vossos sagrados pés.
Prostrando-me diante de Vós,
desejo receber a Vossa força abundantemente.
Curai, por favor, este corpo doente.
A Luz de Deus está fluindo para dentro de mim.
A Luz de Deus está fluindo para dentro de mim.
A Luz de Deus está fluindo para dentro de mim
e está curando a parte enferma.
A Luz de Deus está fluindo para dentro de mim
e está curando a minha doença.
A Luz de Deus está fluindo para dentro de mim
e está me dando um corpo saudável.
Muito obrigado.
Muito obrigado.
Muito obrigado.

Eis a "Oração para a saúde" como a terceira parte da "Oração para a felicidade".

Agora, vou apresentar a "Oração para a felicidade", propriamente dita, como a quarta parte da "Oração para a felicidade".

Oração para a Felicidade

Ó Deus,
nós viemos à Terra para vivermos felizes.
Assim como idealizamos viver felizes
também no Mundo Real.
Ó Deus,
nós desejamos viver felizes tanto neste mundo
quanto no outro mundo.
A felicidade que desejamos,
jamais prejudicaria os demais,
Jamais prejudicaria o Vosso coração.
É a felicidade para desenvolver a nós mesmos
e os demais,
Por favor,
que a minha oração da felicidade
esteja de acordo com o coração do Senhor.
que esteja de acordo com o coração de Deus,
e que a felicidade se realize assim na Terra
como no Céu.
Que não somente eu,
mas todas as pessoas sejam felizes.
Ó Deus,
tal como Vós sois feliz,
que eu também seja feliz.
Que a minha família também seja feliz.

Que os meus amigos também sejam felizes.
Que os meus vizinhos também sejam felizes.
Que o bairro onde eu moro também seja feliz.
Que a cidade onde eu moro também seja feliz.
Que a capital onde eu moro também seja feliz.
Que o país onde eu moro também seja feliz.
Ó Deus,
dai a felicidade a todos.
Ó Deus,
certamente, Vós fareis chover felicidade sobre nós como pétalas.
Ó Deus,
quero receber a Vossa felicidade de todo o coração.
Ó Deus,
fazei chover felicidade sobre nós como pétalas.
Fazei chover felicidade à nossa volta como pétalas.
Fazei chover felicidade em todo o mundo como pétalas.
Muito obrigado.
Agradeço de todo coração.
Agradeço de todo coração.
Por nos conceder um mundo só de felicidade.
Eu, neste momento, Vos dou graças.
Muito obrigado.

 Eis as quatro orações para a felicidade.

Se fizerem essas orações de coração, atrairão sucesso e prosperidade para a vida de vocês.

Se vocês não souberem a quem orar, chamem por mim, Jesus Cristo. Chamem pelo meu nome. Deixem tudo em minhas mãos. Eu estou sempre disposto a guiá-los.

Nestes 2000 anos, nunca tive descanso. Seja nos seus dias de folga, nos períodos de doença, quando vocês estavam num estado profundo de desânimo, nos momentos de tristeza e nas dificuldades, eu sempre estive com vocês.

Se ontem estive com vocês, hoje também estou. E se hoje estou com vocês, é porque amanhã também estarei. Vocês estão com Jesus.

Eu também estou com Deus. Vamos viver com Deus, alegrar-se com Deus e prosperar com Deus. Vamos agradecer profundamente a Deus e ampliar esse sentimento a toda humanidade.

Assim, encerro o tema "Oração e vida".

Capítulo Quatro

O Espírito da Nova Era

1. Nova Corrente dos Tempos

Neste capítulo, pretendo falar sobre a atmosfera que predominará na era vindoura e o espírito que deverá reger essa era.

Ao observar o mundo que está por vir sob a ótica da presente era, vejo algumas correntes diante dos meus olhos. Em primeiro lugar, quero revelá-las a vocês.

A primeira grande corrente é o fluxo do materialismo surgido nos últimos séculos, que está, neste momento, para entrar num beco sem saída. Esse fluxo está como que girando em círculo dentro de uma enseada, sem conseguir formar uma grande corrente.

Esse fenômeno não ocorre apenas no campo da ideologia. Ele ocorre também na ciência. O materialismo está para entrar em colapso. Ou seja, ele não se tornará uma grande corrente do futuro. De agora em diante, ficará cada vez mais claro que o materialismo foi um fenômeno de corrente inversa.

E qual será, então, o novo fluxo que o substituirá? Será o fluxo da visão espiritualista do mundo.

De agora em diante, intencionalmente ou não, conscientemente ou não, grandes fluxos começarão a se formar a partir de diversos ângulos e de diversas áreas, a fim de se criar uma civilização espiritualizada. Essa nova maré virá de diversas áreas da experiência humana. Não se restringirá à religião. O aspecto espiritual se evidenciará na filosofia, economia, política, arte, cultura, medicina, ciência, etc.

Por exemplo, a medicina moderna está fundamentada principalmente na medicina ocidental, que parte do princípio de que o ser humano é uma matéria e desconsidera o espírito, que é o corpo principal do ser humano. A partir de agora, tanto o corpo quanto o espírito serão alvos de pesquisa. Esse é o caminho que a medicina vai tomar e que se conectará tanto com a religião quanto com a medicina.

Essa é uma tendência que poderá ser observada também na área da educação. A área da educação vai se voltar para o despertar espiritual.

Isso vale também para a filosofia. O que antes permitia apenas uma abordagem intelectual, a partir de agora, em muitos aspectos, será esclarecido por meio da comprovação espiritual.

O mesmo ocorrerá na política. Surgirá um fluxo que reconhecerá os valores espirituais.

E também na economia. As teorias econômicas que não contenham valores espirituais deverão começar a perder a força.

Enfim, a partir do final de século XX iniciou-se uma grande corrente que se consolidará nos próximos cinco a dez séculos e reconhecerá os valores espirituais e a existência espiritual em todas as áreas.

Essa nova corrente tem uma outra característica: ela lança uma nova visão do mundo. No passado, na época de Johannes Kepler ou Galileu Galilei, apresentou-se uma nova visão do mundo com o anúncio do sistema de Copérnico. O mesmo fenômeno está para acontecer numa escala ainda maior.

As pessoas saberão que o mundo não se limita à terceira dimensão; e que existe outro mundo que transcende o planeta Terra, a Lua e o Sol. Em breve, ficará bem claro que o mundo acima da quarta dimensão existe e que esse é o nosso verdadeiro mundo.

À medida que essa nova visão de mundo for apresentada, muitos embates, dúvidas e desconfianças acontecerão. Contudo, tal como o sistema de Copérnico, que se consolidou com o tempo, essa visão do mundo começará a ficar cada vez mais clara. Ela vai deixar de ser um conceito místico do ocultismo para se tornar clara e transparente. E certamente se tornará uma visão bem definida do mundo.

Essa será uma nova corrente. Creio que posso afirmar dessa forma.

E haverá uma outra corrente ainda. Ela consistirá na revisão dos objetivos da vida.

O que seria a revisão dos objetivos da vida? Por exemplo, até então, as pessoas estavam voltadas para o dinheiro ou o sucesso na sociedade e, a partir de agora, esses objetivos vão ser analisados sob outros pontos de vista.

Os temas de pesquisa vão estar relacionados ao relacionamento entre as pessoas: como devem ser os relacionamentos na família, entre pais e filhos, entre irmãos ou entre amigos, para se garantir uma excelente qualidade de vida?

O povo não passará mais a buscar o dinheiro, o status, e sim uma vida repleta de amor. Dentro em breve, as pessoas vão dizer: "Por mais que o salário seja alto ou o cargo seja pomposo, nada disso faz sentido se não houver amor na sua vida". Certamente, valores como uma vida repleta de amor ou de elevados sentimentos serão altamente valorizados.

Essa é a era ou visão de mundo que nós esperamos e que certamente acontecerá.

Enfim, é isso o que podemos dizer.

2. O Sopro da Nova Civilização

E como surgiria esse sopro da nova civilização dentro dessa corrente? Vamos falar agora sobre isso.

O sopro da nova civilização deve começar, primeiramente, pela reforma do coração, pela reforma interior, uma mudança radical em relação ao potencial do coração, uma mudança de valores. Eis o ponto de partida.

Isso significa que o campo do coração estava totalmente abandonado. O ser humano vem sofrendo imposições ou críticas diversas em relação ao seu comportamento. Por muito tempo, o cultivo do terreno fértil do coração ficou por conta de cada pessoa.

Contudo, de agora em diante, isso vai mudar. No futuro, certamente poderemos afirmar que o coração é um mundo infinitamente grandioso e repleto de potencial a ser explorado. O grande tema do futuro será: "Qual o potencial do coração, como explorá-lo, e como desenvolver uma nova fronteira?"

Em outras palavras, o ser humano vai começar a estudar questões como: "Que mundo consegui descobrir dentro do meu coração? E o que consegui criar dentro do mundo descoberto? Quantas sementes consegui plantar?"

Talvez, o campo a ser cultivado pelos seres terrenos seja restrito. Contudo, o campo do coração é infinito. E como cultivar a terra fértil do coração? Quais sementes espalhar e como cultivá-las? E como colher os frutos? Esses são temas fundamentais.

Não há como desenvolver a nova civilização sem explorar o coração. É preciso se conscientizar de que o sopro da nova civilização consiste na exploração do mundo do coração, de modo a enriquecê-lo e fazê-lo dar frutos.

Portanto, saibam que o que está à frente na reforma civilizatória é a questão do coração. O que é o coração? Quais são suas possibilidades?

Atualmente, somente poucas pessoas, como os psiquiatras, por exemplo, podem lidar com os problemas do coração. Ou, talvez, eles sejam apenas tratados nos livros.

No entanto, tudo está dentro do coração. Sentimentos humanos e estados psicológicos. Ao mergulharmos mais fundo no coração, seremos levados a uma visão total do mundo, à imagem real do mundo, ao mundo pós-quarta dimensão, ao mundo da nona e da décima dimensão. Essa é a nova descoberta.

Portanto, ao antevermos a civilização pós-século XXI, podemos afirmar, sem sombra de dúvida, que ela será a "Era do Coração". E não me refiro apenas a relacionamentos ou sentimentos. Estou dizendo que chegará a era em que o coração será explorado com seriedade.

O segundo sopro da nova civilização, como não podia deixar de ser, é um desenvolvimento ainda maior da ciência.

A ciência do século XXI não passa de vinte ou trinta por cento da verdadeira ciência que está por se descortinar. A ciência deverá progredir muito mais.

Assim, com o progresso da ciência, o mundo será tal que todas as coisas práticas e convenientes que vocês imaginarem serão inventadas.

Por exemplo, ao verem os pássaros e borboletas voando no céu, o ser humano também sentiu vontade de voar livremente pelo céu. Esse tipo de pensamento deu origem aos aviões atuais. Contudo, ainda é preciso superar algumas dificuldades, como o tempo de locomoção até o aeroporto para embarcar no avião.

De qualquer maneira, os seres humanos têm o desejo de voar. Esse desejo de voar pelo céu livremente será fatalmente realizado um dia. O voo livre individual pelo céu, em um aparelho especial, será um dia possível. Certamente, para isso será preciso um aparelho controlador de gravidade instalado no cinto. Essas coisas serão possíveis em breve. Esse mundo está para ser descortinado.

A rede de comunicação vai se desenvolver ainda mais. Pessoas de diferentes países poderão se comunicar como se fossem vizinhos.

A locomoção, por exemplo, de uma ponta do país até a outra, se dará em poucos minutos. Para vocês se deslocarem de um extremo ao outro, bastarão quinze minutos. Variados frutos do mar poderão ser extraídos do oceano. Robôs serão produzidos em grande escala e substituirão os seres humanos em muitos trabalhos.

Enfim, em breve, ingressaremos nessa nova era da ciência.

As viagens espaciais serão rotineiras. As pessoas vão se voltar para o universo do coração e também para o universo da terceira dimensão.

Além disso, haverá muitos intercâmbios entre terráqueos e seres de outros planetas. Assim, os habitantes da Terra vão passar a descobrir novos valores e novos estilos de vida, inimagináveis até então. Assim, por se relacionarem com seres que têm diferentes padrões de comportamento, passarão a entender o seu próprio modo de ser sob a ótica de uma terceira pessoa.

Graças ao intercâmbio com os extraterrestres, aos poucos os seres terrestres vão começar a se conscientizar do tamanho da tragédia provocada pelas guerras e a sua insensatez.

Assim, com o início do contato com novos povos, os terráqueos começarão a rever todos os seus valores. Creio que essa será também a era em que a humanidade passará a ser unificada. Cada nação vai viver independentemente, com sua própria ideologia, mas no final todas elas estarão integradas. Assim, como todos os estados de um país possuem o seu próprio governo, as nações também terão os seus governos, mas vão conviver pacífica e amigavelmente, formando uma federação mundial.

Essa era virá um dia e eu percebo esse mundo diante dos meus olhos como sendo iminente. Não será num futuro distante que o planeta Terra e a humanidade estarão unificados, realizando intercâmbios com seres de outros planetas. Isso deverá acontecer nos próximos cem a duzentos anos.

3. A Era da Reforma Religiosa

Há um aspecto importante a ser considerado quando se pensa em uma nova civilização. É a reforma religiosa. Ela é uma condição imprescindível para que se inicie uma nova era, a Era do Coração ou da integração de toda a humanidade.

A reforma religiosa deve acontecer em duas fases. Na primeira fase, a reforma se dará entre aqueles que aceitam a religião e os que não a aceitam. Na presente era, muita gente não aceita a religião, porém, em breve, virá o tempo em que os que acreditam na religião superarão os que não têm fé e se tornarão a maioria.

Por exemplo, quantos por cento da população atual acredita em Deus? Trinta, quarenta ou cinquenta por cento? Não se sabe. Quantos por cento acreditam na existência do espírito? Vinte, trinta? No mínimo, pode-se afirmar que não passam de cinquenta por cento.

Contudo, chegará o dia em que a maioria acreditará em Deus e no espírito. Oitenta a noventa por cento vai passar a acreditar nisso. Esse será o primeiro fator da grande transformação que irá ocorrer na face interna e externa da religião.

A segunda fase da reforma religiosa consistirá na grande transformação que ocorrerá no próprio seio da religião, ou seja, na sua face interna. E, o que seria essa grande transformação? Atualmente, diferentes religiões competem entre si. E cada uma delas afirma ser a única correta. No cerne das religiões, surgirá um princípio unificador.

Há uma diversidade de pontos de vista entre os partidos políticos. Há uma diversidade de pontos de vista entre as diferentes correntes acadêmicas. No futuro, essa diversidade também será aceita no mundo das religiões. Será criada uma base comum a todos, um senso comum. Este dia chegará.

Assim, muitas teorias e conceitos aceitos pela maioria das pessoas serão consolidados como uma base sólida.

Assim será a reforma na face interna das religiões. O que antes era fruto do egocentrismo de cada um vai passar a ser considerado com base num grande princípio áureo unificador.

Isso já é comum em meios que não sejam religiosos.

Os princípios econômicos, por exemplo, não são algo que funcionem numa empresa e não funcionem em outra. Eles atuam em todas as empresas.

Entretanto, os princípios religiosos variam de instituição para instituição. Esse absurdo acontece nesse meio. No futuro, isso não será mais tolerado. Assim, haverá diretrizes e fundamentos claros.

Essa é a segunda fase da reforma religiosa.

Primeiramente, virá a era em que os que acreditam na religião serão em maior número do que os incrédulos. E, nas religiões, ocorrerá uma reforma interna na qual os pontos de vista da maioria serão unificados.

Portanto, a partir de agora, pode-se dizer que o trabalho que espera por vocês deve ter esses dois focos.

Primeiramente, é importante desenvolver iniciativas, trabalhos e atividades que façam com que os ateus ou aqueles que não acreditam na verdade do mundo espiritual passem a acreditar em Deus e no verdadeiro mundo espiritual. Em segundo lugar, é preciso desenvolver princípios para unificar as opiniões divergentes entre os que acreditam em Deus e no espírito. Esses dois pontos serão diretrizes importantes para vocês.

Portanto, em primeiro lugar é preciso disseminar a visão do mundo espiritual. O que seria necessário para tanto? Certamente seria preciso comprovar a existência do outro mundo. E qual seria a prova disso?

Estas mensagens espirituais eu envio à Terra de forma inédita. Certamente, a publicação desta coletânea de Mensagens Espirituais da Happy Science é uma grande prova disso. Jamais houve na história da humanidade comprovação desse tipo.

É um verdadeiro milagre que as nossas palavras sejam lidas por milhões!

Uma vez que fenômenos espirituais milagrosos como esse estão ocorrendo, é fundamental que esse trabalho continue e aumente cada vez mais. Essa coletânea de mensagens espirituais não deve ter apenas um ou dois volumes. Ela deve compreender cinco, dez volumes e ser lida pelos povos do mundo inteiro. A publicação dessa coletânea em vários países do globo será a verdadeira comprovação da existência do outro mundo.

Esse trabalho não tem fim. Absolutamente, não tem fim. É fundamental que ele se realize cada vez mais. E, para tanto, é preciso extrapolar a forma convencional de se pensar. Não basta lançar um livro por ano. É preciso lançar dezenas, centenas de livros, e fazer com que povos do mundo todo os leiam.

É preciso criar uma verdadeira nova era e muitos trabalhos devem ser realizados para tanto. Creio que isso seja de fundamental importância. Acumular comprovações espirituais é essencial. Essa deverá ser a diretriz das pessoas em geral.

Existe, ainda, outra diretriz muito importante para as pessoas religiosas. Trata-se do esforço para se identificar os pontos em comum entre os diversos ensinamentos existentes. Esse trabalho é da maior importância.

Não basta cada qual transmitir os seus próprios ensinamentos. É preciso identificar os conceitos comuns em todas as religiões.

Em segundo lugar, é preciso realizar um estudo para definir se é aceitável a coexistência de ensinamentos que contrariem os conceitos considerados universais, ou se a reforma deve ser implantada com mais rigor.

Outra providência necessária é a classificação dos níveis de ensinamentos da Verdade, que podem variar desde os mais elevados até os mais básicos.

Por exemplo, no sistema de ensino, existem o nível fundamental, o nível médio e o superior. Da mesma maneira, no âmbito da Verdade, deve haver uma distinção entre os níveis dos diferentes ensinamentos. Quais ensinamentos devem ser considerados de nível básico? Quais são os de nível intermediário? E quais são os de nível superior? A classificação dos níveis de ensinamento é essencial.

Sem ela, as pessoas não poderão estudar. Faltaria didática. Quais são os ensinamentos introdutórios? Quais são os do estágio final? Quais são básicos e quais são avançados? Sem um estudo dos níveis dos ensinamentos, a iniciação ficará muito difícil.

Ao observar as religiões atuais, vejo que cada uma delas se autodeclara superior às outras, no entanto, não existem critérios para se definir os níveis de ensinamento de cada religião. Creio que esse é um trabalho necessário.

Na sociedade moderna, vejo que, no mundo econômico, há uma diferença entre uma empresa de primeira linha e outra de segunda. Há ainda as empresas de terceira linha. Diversos fatores influem nessa classificação. Pode ser a qualidade dos recursos humanos, a capacidade operacional, o tamanho da empresa, o seu faturamento ou a sua lucratividade.

Entre tantos fatores, há certamente um critério de classificação que determina se a empresa é boa ou não.

Do mesmo modo, creio que chegará a era em que essa maneira de pensar poderá se aplicar às organizações religiosas também. Nessa era, ficarão evidentes as organizações altamente competentes, as boas, as razoáveis, as inferiores e as muito inferiores. Penso que é assim que deve ser.

Esse será o esquema geral da reforma religiosa que está por vir.

4. O Espírito Fundamental

Falei várias coisas sobre a era que está por vir. Vamos agora falar sobre o tema "O espírito fundamental".

Estamos atualmente, no mundo celestial, debatendo dia e noite sobre como criar as condições para a era vindoura. E existe um espírito ou um conceito que norteia as nossas discussões e decisões. Ela consiste em conceitos que definem qual deve ser o espírito da era vindoura.

Esse espírito é constituído de três pilares.

O primeiro pilar do espírito fundamental é a difusão da filosofia de que o ser humano é filho de Deus. Temos que dar impulso a essa filosofia na era vindoura. Creio que é fundamental que as pessoas aceitem-na.

O segundo pilar é a ressurreição do amor. É muito importante reconstruirmos a Era do Amor novamente.

O que seria a Era do Amor? O que é o amor?

O amor é a força que une as pessoas. É a força que une e nutre as pessoas. Ao se ajudarem mutuamente, o seu poder e valor são ampliados duas ou três vezes mais. Isso é amor.

Temos que construir a Era do Amor com base no espírito fundamental da restauração do amor. O nosso espírito fundamental é construir uma era em que possamos anunciar claramente como deve ser a sociedade do amor, o mundo do amor e a história do amor.

O terceiro pilar do espírito fundamental é a reestruturação dos princípios da economia.

Os problemas da economia vão se agravar e se diversificar cada vez mais. Nessa nova era que construiremos, haverá um valor fundamental que superará tudo isso.

Dentro das teorias econômicas, está embutida a teoria da prosperidade no mundo terreno. As teorias econômicas são as definições lógicas de como cultivar a prosperidade e o desenvolvimento neste mundo.

Logo se iniciará a era em que esses princípios econômicos vão ser revistos e novas teorias econômicas surgirão. Na nova era, as teorias de prosperidade e desenvolvimento deste mundo conterão a Verdade de Deus. Ou seja, a Era da Economia da Verdade de Deus ou Economia de Deus está por vir e ela será considerada uma nova diretriz da civilização.

Essas três diretrizes — a difusão do pensamento de que o ser humano é filho de Deus, a restauração do amor e a consolidação da Verdade na economia — em essência podem estar representando uma ideia comum a todos. O que se espera é uma visão de mundo em que o ser humano seja considerado filho de Deus, em que a restauração do amor seja a coisa mais importante do mundo, em que a Verdade esteja contida na economia e o desenvolvimento da sociedade traga mais prosperidade aos seres humanos.

Eis os três espíritos de uma era que nortearão a humanidade nos próximos séculos.

Muitas pessoas vão se empenhar para colocar em prática essas diretrizes. Em primeiro lugar, os líderes religiosos; em segundo, os empresários e executivos e, em terceiro, os educadores. Os líderes religiosos, os empresários e os educadores precisam unir forças para construir essa nova era. E essa nova era já está em curso.

5. O Panorama do Futuro

Vamos agora delinear o panorama do futuro da humanidade com base nas premissas anteriores.

Que tipo de era aguarda a humanidade? A tão comentada crise da humanidade virá? Ou não? E como será a era posterior, depois dessa crise? Certamente, vocês da Terra estão preocupados com essas questões.

O futuro da humanidade terá, ao mesmo tempo, fatos positivos e negativos. Isso significa que haverá tanto a parte boa como a ruim. Haverá tanto o mundo da prosperidade como o da ruína. Isso não pode ser negado, pois será passando pela prosperidade e pela ruína que se descortinará a nova era.

Vamos tomar o Japão como exemplo. Como será o futuro dessa nação? Evidentemente, ao longo do tempo, essa nação passará por altos e baixos; entretanto, creio que posso dizer que os próximos cem anos poderão ser considerados a sua era áurea.

Depois do grito da Verdade, surgirá um mundo disposto a iniciar a Era Áurea, com o povo unido sob o comando da Verdade. Essa era virá, certamente.

O Japão, nos próximos cem anos, será uma referência para toda a humanidade. O alto nível da sua cultura será um incentivo para os povos de outras nações. O futuro da humanidade poderá ser compreendido ao se observar o modo de vida do Japão. Quero revelar aqui o advento da era áurea para os próximos cem anos.

E as demais nações?

Sinto que a tendência da queda norte-americana já está no ar. Um período de má sorte está se aproximando. Apesar de ter apenas quatrocentos anos de história, já há sombras escuras na prosperidade desse país.

Essa tendência será perfeitamente visível para todos em breve. Os Estados Unidos vão enfrentar um colapso econômico. Além disso, sofrerão uma grande ameaça militar.

Há ainda as nações da Europa. Embora prósperas do ponto de vista cultural, até mesmo nesse aspecto deverão começar a surgir turbulências nessas nações. Elas surgirão principalmente a partir do sul da Europa.

Na União Soviética, muitos incidentes acontecerão a partir de agora. Haverá ainda guerras regionais. Secas, quebras nas safras agrícolas, catástrofes naturais e submersão de uma parte do território deverão acontecer. Creio que essas coisas possam já ser anunciadas.

E quanto à Ásia? A China e a Índia são as maiores nações asiáticas em termos populacionais. No futuro, ocorrerá uma grande revolução na China e depois virá a nova era, a era da nova civilização. É assim que vejo as coisas.

A Índia é uma nação das mais tradicionais, um verdadeiro tesouro das religiões e nascedouro do espírito da Ásia. Embora lentamente, começará a surgir na Índia um novo período de desenvolvimento. Os princípios do capitalismo vão se consolidar também nessa nação. A cultura desse país, inclusive, também passará por mudanças.

Por outro lado, a prosperidade vai se fortalecer, daqui para a frente, no centro do sudeste asiático. O centro da prosperidade mundial, após o século XXI, irá desde o sudeste asiático até a Austrália.

Grosso modo, uma afirmação é possível: "As nações atualmente prósperas passarão por uma decadência e aquelas hoje consideradas do terceiro mundo prosperarão em pouco tempo. Creio que isso já possa ser anunciado.

A África deverá passar por diversas provações. Algumas regiões sofrerão danos devastadores, mas, por outro lado, haverá nações que registrarão uma recuperação milagrosa do ponto de vista cultural.

No oeste da Ásia, conflitos armados ocorrerão na região sudoeste e muitas desgraças deverão acontecer. Num certo período, essa região parecerá o epicentro de todos os males do mundo. Entretanto, tudo isso vai passar e a paz virá uma vez mais.

Eis o panorama mundial do futuro visto sob minha ótica. Muitas coisas deverão acontecer de agora em diante. Contudo, não posso falar claramente o que, quando e onde, pois essa é uma tarefa da humanidade.

O futuro não precisa ser conhecido. Mesmo que sejam feitas previsões, é melhor não saber o que acontecerá. O importante é viver cada dia com fé, sem conhecer o futuro.

É preciso ter consciência de que este mundo da terceira dimensão é passageiro e que as pessoas vivem nele com o objetivo de aprimorar a alma. É preciso ter plena consciência de que esse mundo é assim.

Sendo assim, por mais que sobrevenham infelicidades, por maiores que sejam as reformas ou revoluções, não deixem que os seus corações se abalem com isso.

Afinal de contas, este mundo é passageiro. Por mais trágico que lhes possa parecer, por mais caóticos que sejam os acontecimentos, pensem que tudo lhes foi preparado para nutrir suas almas. Dentro desse ambiente, extraiam o melhor. Por pior que seja o ambiente, cultivem a mais perfeita paz no coração. É isso o que mais importa.

6. Profecia do Segundo Advento

Falei sobre as perspectivas do futuro com foco na história dos próximos cem ou duzentos anos.

Na Bíblia, eu deixei a profecia de que ressurgirei no futuro. Creio que o meu segundo advento será cumprido.

O envio destas mensagens espirituais pode até ser considerado um segundo advento, mas o que estou anunciando neste momento é a minha autêntica encarnação na Terra.

Creio que isso deverá acontecer, e não será num futuro muito distante. Creio que ocorrerá dentro de uns 400 anos.

O local ainda não está definido, porém, provavelmente será numa nação hoje considerada ocidental.

Ao nascer nesse país, pretendo ampliar o grande mundo de amor. Utilizando o trabalho da Happy Science como base, como se fosse o Antigo Testamento, eu pretendo disseminar um Novo Testamento, a Nova Bíblia. Pretendo difundir um Novo Evangelho.

A ciência vai estar avançada e a economia também. As nações estarão e terão uma prosperidade diferente da que existe hoje. Nesse contexto, eu pretendo pregar um novo mundo do coração. Pretendo pregar uma nova visão do mundo, novos valores.

E, para comprovar o meu novo advento, vou pregar uma vez mais a importância do amor. Vou pregar que o amor é o ponto de partida da humanidade. Vou pregar o quanto o amor é maravilhoso. Quando surgir, daqui a 400 anos, alguém que pregue uma vez mais o amor, esse será o meu novo advento.

Ó povo,
Tenha a esperança de reencarnar na época do meu novo advento.

Bem-aventurados os que ouvirem a minha voz uma vez mais.

Bem-aventurados os que se unirem a mim uma vez mais.

Bem-aventurados os que disseminarem comigo os meus ensinamentos uma vez mais.

Bem-aventurados os que puderem viver comigo, mesmo sendo pobres de espírito.

Não há nada mais maravilhoso que a reunião de muitos irmãos e irmãs.

Para transmitir o "Coração de Deus".

Vamos nos rever em breve. Eu também vou me dedicar diariamente para me aprimorar até esse dia. Desejo que, até lá, vocês da Terra, tendo em vista a realização desse momento, também se aprimorem, praticando a autorreflexão. Com esse pedido, encerro este livro.

Templos e Sucursais da Happy Science no Brasil

SÃO PAULO (REGIÃO SUL)
Rua Gandavo, 363, Vila Mariana, CEP 04023-001, São Paulo
FONE (011) 5574-0054 — FAX (011) 5574-8164
E-mail: sp_sul@happy-science.org

SÃO PAULO (REGIÃO LESTE)
Rua Fernão Tavares, 124, Tatuapé, CEP 03306-030, São Paulo
FONE (011) 2295-8500 — FAX (011) 2295-8505
E-mail: sp_leste@happy-science.org

JUNDIAÍ
Rua Congo, 447, Jardim Bonfiglioli, CEP 13207-340, Jundiaí-SP
FONE (011) 4587-5952 E-mail: jundiai@happy-science.org

SOROCABA
R. Dr. Álvaro Soares, 195, Centro, CEP 18010-190, Sorocaba-SP
FONE (015) 3232-1510 E-mail: sorocaba@happy-science.org

Templos e Sucursais da Happy Science pelo Mundo

ÁFRICA

UGANDA
uganda@happy-science.org
P.O. Box 34130 Kampala

ÁSIA

JAPÃO
tokyo@happy-science.org
6F 1-6-7 Togoshi, Shinagawa, Tokyo, 142-0041
03-6384-5770 FAX 03-6384-5776

OCEANIA

AUSTRÁLIA
melbourne@happy-science.org
11 Nicholson Street, Bentleigh, VIC 3204, Melbourne
61-3-9557-8477 FAX 61-3-9557-8334

sydney@happy-science.org
Suite 17, 71-77 Penshurst Street, Willoughby, NSW 2068, Sydney
61-2-9967-0766 FAX 61-2-9967-0866

NOVA ZELÂNDIA
newzealand@happy-science.org
409A Manukau Road, Epsom 1023, Auckland
64-9-630-5677 FAX 64-9-6305676

AMÉRICA DO NORTE

CANADÁ
toronto@happy-science.org
2420 A Bloor St. W. Toronto ON M6S 1P9
1-416-551-7467 FAX 1-416-546-5875

ESTADOS UNIDOS
florida@happy-science.org
12208 N 56th St., Temple Terrace, Florida 33617
813-914-7771 FAX 813-914-7710

hi@happy-science.org
1221 Kapiolani Blvd, Suite 920, Honolulu, Hawaii 96814, U.S.A.
1-808-591-9772 FAX 1-808-591-9776

la@happy-science.org
1590 E. Del Mar Blvd., Pasadena, Los Angeles CA 91106
1-626-395-7775 FAX 1-626-395-7776

ny@happy-science.org
79 Franklin Street, New York, New York 10013,
1-212-343-7972 FAX 1-212-343-7973

sf@happy-science.org
525 Clinton St., Redwood City, San Francisco CA 94062,
1-650-363-2777 FAX 1-650-363-2777

EUROPA

ALEMANHA
germany@happy-science.org
Klosterstr. 112, 40211 Düsseldorl
49-211-93652470 FAX 49-211-93652471

INGLATERRA
eu@happy-science.org
3 Margaret Street, Londres W1W 8RE
44-20-7323-9255 FAX 44-20-7323-9344

Sobre a Happy Science

A Happy Science foi estabelecida em 1986, em Tóquio, no Japão e atualmente é um dos mais influentes movimentos religiosos do século XXI. Os seus ensinamentos, universais e adequados à era moderna, influenciam todas as áreas da vida e da sociedade. Pessoas de todos os níveis culturais, profissões e credos, tais como cristãos, budistas, judeus, muçulmanos, hindus e outros, vêm sendo atraídos pela Verdade transmitida por Ryuho Okawa. Por meio do estudo e da prática dos seus ensinamentos, as pessoas aprendem a cultivar o Correto Coração e aprofundar sua busca pelo amor.

A Happy Science dissemina a luz da Verdade com o objetivo de criar um mundo ideal na Terra e seus ensinamentos estão fundamentados no espírito do budismo e numa abrangente filosofia que se apresenta como uma ampla base para a integração das grandes religiões mundiais, incluindo o cristianismo. Os dois eixos centrais dessa filosofia são a aquisição da sabedoria espiritual e a prática do "amor que se dá".

Seus membros estudam a Verdade através de livros, palestras e seminários para adquirir o conhecimento de um ponto de vista espiritual da vida e do mundo. Eles também praticam a meditação e a autorreflexão diariamente, com base na Verdade que aprendem. Esse é o caminho para se adquirir uma compreensão muito mais profunda acerca da vida e para formar o caráter daqueles que poderão contribuir como líderes de uma sociedade voltada para o desenvolvimento do mundo em que vivemos.

http://www.cienciadafelicidade.org